JN097651

美容・エステ界のレジェンド
田中玲子先生の秘伝公開！

私もできる！
神ワザ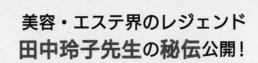美ケア

セルフで
自分史上最高の
美女に！

BAB JAPAN

はじめに

　こんにちは。レイ・ビューティースタジオ代表の田中玲子です。

　1974 年に美容コンサルタントとして活動をはじめ、50 年の月日が流れました。お客様の悩みに真摯に耳を傾け、どうにか解決できないかを考え続けてきた結果、これまでの施術人数は延べ 23 万人以上となりました。さまざまなお客様と出会う中で、現代のツボと独自のトリートメント方法を融合した「美点マッサージ」も誕生しました。これもすべて、私たちを信頼してついてきてくださったお客様、そしてサロンを支えてくれるスタッフたちのおかげだと感謝しています。

　私は子どもの頃から正義感が強く、どうしたら世の中から戦争がなくなるかを考えていました。算数や数学のセンスが人よりも少しよかったので、さまざまな方程式を編み出しては、これを世の中の役に立てられないかと、いろいろに思い描いていました。

　今振り返ると、多くの方々のお悩みを解決するために試行錯誤し、さまざまな方法を編み出してきたことは、数学の方程式を探し、それを世の中でいかに役立たせられるかを考えてきたことと、同じような感覚だったなと思うのです。

　そこで、一般の方々にも気軽に美点マッサージの確かな効果を感じて喜んでいただきたいという思いから、本書の筆を執りました。

　50 年間、つねに現場に立ち、お客様との対話を大切にしながら、「美

容の今」を見続けてきました。そして、さまざまな試行錯誤を繰り返しながら開発してきた技術で、お客様が喜んでくださることが、美容家としての私の大きな支えとなってまいりました。

　そうした経験の中で、わかったことがあります。

　それは、ほぼすべての人に、なにかしらの「美容の悩み」はあるということです。「私は完璧！」などという人は、そうそういません。そのために、自分に自信が持てずにいる方がたくさんいらっしゃるのは、本当にもったいないことだと思います。

　このことが、本書で「美容の７大悩み」を取り上げるきっかけとなりました。今、あなたが抱えている悩みは、あなただけのものではありません。実は多くの人が、同じような悩みを抱えています。

　このことを知っていただき、その悩みを解消する術を手にしていただくことで、コンプレックスの鎖に縛られている自分を解放してほしいと願っています。

　本書はあなたがこれまでの自分とは違う、「自分史上最高の美女」になるためのお手伝いをいたします。さまざまな悩みを解消し、美しく微笑む自分の姿をイメージしながら、楽しくケアしてもらえたらと思っています。

　さあ、今日から自分自身を慈しむセルフケアを始めましょう。この新しい扉を開いた先で、きっと素敵なあなたに出会えるはずです。

**もくじ**

第3章
美容の「ちょい悩み」に答える！ 美的ライフハック

第4章

ゴッドハンドが語る！ 「美しい人生」のつくり方

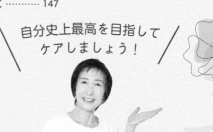

＼ 自分史上最高を目指して
ケアしましょう！ ／

第1章

「50年で23万人」の施術からわかった！美容の「今」

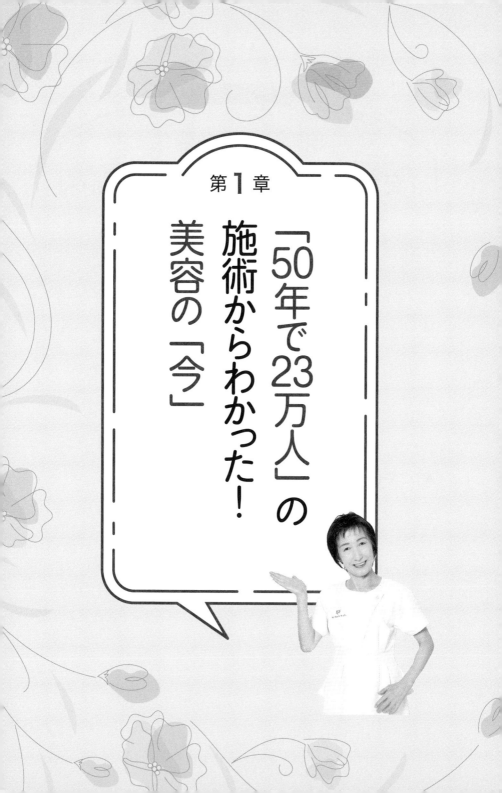

50年の美の変化
「変わった悩み」「変わらない悩み」

　エステティックの世界に足を踏み入れたのが、今から約50年前。その当時から刻々と移り変わる美の世界を見てまいりました。まずは私たちの美に対する意識の変化、美しさに対する要望やお悩みの変化など、50年の間に変わってきたこと、そして、変わらないことについてお話ししていきましょう。

　お肌のことでいうなら、50年前の肌質は次のような割合でした。乾燥肌：中間肌：脂性肌＝3：3：4。現在は6：3：1。半数以上が乾燥肌です。

● ニキビの状態は変化している ●

　この流れからきていると思うのですが、以前は思春期もしくは思春期の延長線上にあるニキビに悩んで来店される方が非常に多かったのです。この場合は、頬や額など広い範囲に出ているのが特徴でした。

　けれども現在はそういうニキビとは違い、**あごや口まわりだけなど、特定の場所に少し大きめのニキビができ、一度できるとなかなか治りづらい**というケースが増えました。皮脂の分泌が活発でニキビができるというより、**ストレスからきているニキビが増えた**ということです。そういう方の場合、ニキビと同時に顔のくすみやほうれい線など、アンチエイジングを意識したお話が同時に出ることも増えました。

　その背景として1つあげられるのが、食生活の変化です。インスタントラーメンやファストフードばかり食べていた人たちが、「脂質が多い食事ばかり食べているとニキビができる」ということに気づいたことで、以前よりも食事が健康志向になってきました。さらに皮膚科などで処方されるニキビ治療薬の効果が高まってきたことで、皮脂分泌過多によってできるニキビは減っているようです。

● 皮膚が薄くなっている⁉ ●

　その一方で、最近ではずいぶん若い方でも「乾燥肌で困っています」という方が増えてきました。

　これは地球全体の温暖化や都市部のヒートアイランド現象によって、私たちを取り巻く環境自体が乾燥しているからなのかもしれません。もちろん、昔から乾燥で悩む方はいらっしゃいました。

　でも、若い頃からひどい乾燥で悩むという方は少数派だったのです。ところが今は6割以上の方が乾燥肌で悩まれている。この変化は、**環境と生活習慣による影響が大きい**のではないかと推測しています。

　50年間、日々お客様と接してきた実感としては、皮膚と髪にも明らかな違いが出ています。50年前と比べると、確実に皮膚の厚さが変わってきているのです。皮膚が薄くなり、髪の毛も細くなっています。一説によると、髪の毛は明治時代に比べると三分の一の細さになっているといわれていますが、確かにその傾向は感じています。

● 10代から「ほうれい線」⁉ ●

　10〜20代の若い方が、年配の方が口にするような悩みを言い始め

たのも、1つの変化といえるでしょう。昔だったら、「顔のこのへんがもたつくんです」なんて、若い人は言いませんでした。ところが今は、若い方でも「輪郭のもたつきが気になる」「ほうれい線が気になる」と言って、サロンにやって来ます。

SNSやさまざまなメディアで情報が入り過ぎてしまうために、本来ならそこまで気にしなくていい部分を、ものすごく気にするようになっているように感じます。

また、全般的に「肌のくすみやクマが気になるからどうにかしたい」という声も増えました。実際に長時間、スマホばかりを至近距離で見ているからクマが増えているのではないかと思っています。

実をいうと、ほうれい線も若年化しているかもしれません。今の若い人たちは、コミュニケーションをとるのもSNSで事足りてしまい、口を開いて話すという時間が少ないと思うのです。

あまりにも口を動かさないでいると、ほうれい線ができやすくなります。なぜなら頬の皮膚下も筋肉ですから、あまりに使わないと衰えてしまうからです。そうしてお肉が垂れ下がることで、ほうれい線ができてしまうのです。**顔にもほどほどの筋肉をつけておくことは、今も昔も変わらない美しさへの近道**といえます。

● パソコン、スマホの広がりが美容にも大きく影響 ●

ボディについての変化でいうなら、以前は肉体労働によって筋肉にこりや疲れが出て困るというお悩みが多数派でした。畑仕事で重いものを一生懸命運ぶなどして、肩がこった、腰が張っているということがあったのです。

ところが現代、パソコンやスマートフォンと向き合う時間が増えま

した。同じ姿勢で動かない、一種の緊張状態が長く続くために、以前とは質の違う、これまでになかったようなこりや疲れが発生し始めました。そのため、昔から受け継がれてきたツボや美容マッサージだけでは、ケアしきれなくなってきたのです。

　たとえば、足がいい例です。昔は長距離を歩いたことで疲れてむくんだり、張ったりしました。それが今は、動かずじっとしているために、むくみや張りが出てしまうのです。

● 美点は現代人の「静のツボ」 ●

　そこで開発したのが「美点」です。これは従来のツボより驚くほどの美容効果がある、**現代人のための美容ツボ**です。一昔前、人々が家事労働に勤しんでいた頃の「動」のツボが経絡のツボだとすると、美点は動かない筋肉に働きかける現代人のための「静」のツボです。

　即効性が高く、たった1回の施術で小顔、メリハリボディ、透明感のある肌が得られます。本書でご紹介するお悩み解決のセルフケアの中でもご紹介しているので、ぜひ試してみてください。きっとすぐにその効果を感じていただけるはずです。

　ここまで、50年間で変わってきたことを述べてきましたが、最後に変わらないことについてもお伝えしましょう。

　お肌の白さや透明感を求めるというのは、今も昔も変わりません。白い透明肌を求める気持ちは、変わりません。ぷるんぷるんしたツルツル肌、たるまない顔を望む気持ちは、いつの時代も同じなのです。

　ひと口に「美」といっても、さまざまな価値観がある昨今ですが、本当の美の基準というのは、ここにあるように思っています。

あなたのお悩みは、
女性すべてのお悩みです！

● あなただけじゃない！ ●

　サロンでお客様とお話ししていると、さまざまなコンプレックスにとらわれているのかなと感じることが多々あります。そういう方の特徴としては、肌が荒れていたり、ふくよかだったりするご自身を悲観し、「私だけこんなふうで……」というように思い詰めていらっしゃることがあげられます。

　そういう方々に向けて、「悩んでいるのは、あなただけじゃない。みんな、実は同じようなことで悩んでいるよ」とお伝えしたいという思いから、本書の第2章では、セルフケアでできる「美容の7大悩み」の解決方法を紹介しています。

　こんなふうに「7大悩み」として分けられるということは、多くの皆さんも同じような悩みを抱えているということです。「自分一人だけ」と思うと苦しくなるけれど、「**みんなも悩んでいる。みんなと一緒に頑張ろう！**」と思ったら、少し気持ちが軽くなりませんか？　そんな明るく軽い気持ちで本書を使ってもらえたらと思います。

● 悩みだけを考えるとまわりが見えない ●

　私がなぜこんなことをお伝えするかというと、自分だけ……と思い詰めて視野が狭くなってしまうタイプの方というのは、やせ願望が強

い人と同じ思考回路になりがちだからです。

たとえば、拒食症のように痩せ願望が強く、身長165cmで40kgもないという方がいるとしましょう。もう骨と皮だけのお体なので、施術のときに「これ以上は……ね」と言っても「ううん、まだ太ってるから!」と言うのです。そういう言葉を否定しても響かないので、「じゃあ、わかった。ここだけ取ろうか」という具合に、施術を進めていきます。「体重はいいけれど、ここだけ少しすっきりするといいね」というと「はい」と言ってくださるからです。

でも「もうそんなに痩せなくても大丈夫だよ」と言ったら、「だめですよ〜」と、骨と皮だけの腕でこちらがバンッとたたかれてしまいます(笑)。本人はそれほど強くたたいているつもりではないのですが、骨と皮だけなのでまるで木の棒でたたかれているくらいに痛いわけです。

そして「そんなこと言うのは、先生のほうが痩せてるからよ」とおっしゃるのです。「え!? 私は157cm、46kgあるよ。太ってはいないけど、筋肉と薄い脂肪がついているんだよ」といくら伝えても、本人にとっては私のほうがまだ痩せているように見えてしまっているのです。

● 至近距離10cmの「悩み」 ●

これと同じようなことが、サロンにいらっしゃる多くの方々にも起きているように感じます。もちろん、美しくなりたいと美を追求することは、女性としての喜びでもありますし、大切なことだと思っています。でも皆さん、同じように「毛穴が気になる」「このしわが気になる」とおっしゃるのです。

ただ、よく考えてみてください。鏡から10cmくらいの距離で自分

の顔を見ていたら、それは当然目につくでしょう。

　そのようにお伝えすると、「ほかの人にはないのに」とおっしゃるのです。でも、それは当たり前なんです。だって他人の顔を10cmの至近距離でなんて、普通は見ないでしょうから。

　けれど、私たち美容のプロは、そういう言葉を否定してはいけないと思っています。まずは「そうだね」とそのお悩みを一度は受け止めつつ、**その人だけの美しさに導いていくこと**が大切だからです。ただ、この誘導が非常に難しいのです。ここは知識と経験がものを言う領域かな、なんて思っています。

　私の本音をいうならば、「**みんな同じように悩んでいるから、あんまりこだわりすぎないでね**」と、「**だからといって、どうでもいいわと放置しないでね**」というところです。相反することのようですが、この両方をバランスよく取り入れて、心身ともに健康で幸せに笑っている方が、実は一番美しいのではないかと思っているからです。

　「あなたらしい姿」「あなただけの美しさ」というものが、必ずあるのです。これまで日々、多くのお客様と向き合ってきていますが、本当にみんなそれぞれの美しさを持っています。どうかそこに気づいてほしいというのが、美容家としての切なる願いでもあります。

● 私が思う「美容」 ●

　美容というものは、本来はご本人が自信を持って、夢や希望を持ちながら元気に生きてもらうための手段に過ぎないと思っています。ですから、「美を目標にしてはダメ！」というのが私の自論です。

　なぜなら、美だけを目標にしたら、老いが恐くなってしまうでしょ

う。それを受け入れたくない、認めたくないという思いから、懸命に
アンチエイジングしても苦しくなるだけです。

　だから、「あなただけの美しさってあるんだよ。その美しさという
のはね、しわが１本もない顔のことだけではないのよ」と伝え続けて
いきたいのです。どうかそこを取り違えないでいてほしい。**美容は、
あなたの人生を輝かせるための手段に過ぎない**のですから。

　たとえば、受験ならいいと思うのです。いい大学に入りたい。だか
ら１年や２年はとにかく頑張って、勉強に邁進する。人生の中の一時
期、勉強漬けの日々があってもいいと思います。受験は一生続くわけ
ではありません。自分が行きたい大学に行って、したい勉強をするた
め、自分の人生の目的のためにある一定時期だけやることですからね。

　けれど、受験が目的になってはまずいと思うのです。一生受験勉強
なんてそんな人生、苦しくないですか？　楽しくないじゃないですか。
美を目標にしてしまうことって、これと同じだと思っています。

　もし今、美しくなりたいと思いながら、どこかで苦しさを感じてい
る人がいたら、ちょっと立ち止まって「『美』そのものが目標になっ
ていないかな」と考えてみてほしいのです。前にも書いたとおり、私
は「美しくなりたい」と思っている人たちが苦しむ姿を見たくないの
です。そのような願いを込めながら本書を書きました。

　この本を通じて、そこから抜け出すヒントを見つけてもらえたら幸
いです。それと同時に、**あなたらしい美しさを120％引き出せる方法**
をご紹介していますので、ぜひ最後までおつき合いくださいね。

セルフケアだけでは
「美しさ」はつくれない？

● プロとセルフの効果の違い ●

　本書ではセルフケアをお伝えしていきますが、やはりその限界というものはあります。

　結論からいってしまうと、**日々のセルフケアを続けながら、定期的にエステで施術を受けるというのが一番理想的**です。セルフケアで現状維持に務め、そこにエステの技術が加わるだけで、ワンランク上の状態に導くことができるからです。

　エステサロンでの技術が100点の効果を出すものだとしたら、セルフケアでお伝えする技術は50点の効果を出すものだと考えてみてください。

　たとえるなら、プロのエステティシャンの技術は、日本料理屋の料理人が使う包丁、セルフケアでお伝えする技術は、家庭料理をつくるための包丁といえるかもしれません。どちらも同じ包丁ですが、取り扱いに注意が必要なのは、やはり切れ味の鋭い前者でしょう。

　皮膚でもボディでも、私たちエステティシャンはプロとして、ぎりぎりのところまで施術して、100％の効果を出しています。こうした施術を安全に行い、結果を出すには、肌の状態や性質、筋肉のつき方などを見極めます。対処するポイントもたくさんあります。それらを正確に把握し、どの方向にどの程度の力で刺激を加えればもっとも効

果が出るか、さらにほかの部位にどう影響するかなどの知識と経験と技術が必要不可欠です。

そのため、この手法を間違った方法で行ってしまうと、効果を出すどころか深刻なダメージを与えてしまうこともあるのです。ですから、セルフケアでお伝えする際には、50％の効果が出るやり方をお伝えしています。これなら多少間違えてしまったとしても、そこまで深刻なダメージにならずにすむからです。

● 日々のケアが大きな差をつくる ●

どうせセルフケアをするなら、50点の効果を余すところなく受け取っていただきたいと思っています。そのためには、**毎日少しずつでも継続していくことが大切**です。

でも、ご安心ください。セルフケアでやるべきことは、毎日のお肌の汚れをやさしく落として、必要な水分を補給し、足りない栄養分を足してあげること。これだけです。

そのほかに「しわを薄くしたい」「しみを予防したい」「フェイスラインをすっきりしたい」「お腹のお肉をどうにかしたい」「足のむくみを取りたい」など、個別のお悩みがあれば、それに合わせたセルフケアを毎日数分間、取り入れるだけ。この日々の積み重ねが、半年後、1年後、3年後、さらに10年後には大きな差となって現れます。

もっといえば、エステサロンに1週間に1度来店されて100％の施術を1時間受けたとしても、1日のうちの24分の1の時間しかかけていないことになります。たとえ100％の施術だったとしても、1週間後の施術までには、168分の1になってしまいます。だからこそ、その間を埋めるためにも、セルフケアはとても大切なことなのです。

日々のセルフケアを欠かさないでいると、ある一定のレベルの美しさをつねに保つことができます。

　あなたのまわりにもいませんか？　ものすごく美人とか、スタイルがいいとかいうわけではないけれど、いつも雰囲気が柔らかくて、そばにいるとホッとできるような人。もしくは、ある程度年齢によるしみやしわはあるけれど、肌に潤いと透明感があって、内側から満ち足りている感じがする人。

　そんな美しさを皆さんにも持っていただけるよう、裏技的なセルフケアを安全にお伝えしていくのが本書の目的でもあります。美しくなりながら、「毎日が楽しくってワクワクしちゃって幸せ！」と思える日々を一緒につくっていきましょう。

Chapter 01-1

間違いだらけ!?
思い込みのセルフケア

● 洗い過ぎない、こすらない、引っ張らない ●

　今はいろいろな情報があふれているせいか、びっくりするようなお手入れをしている方に出会うことがあります。私は基本的に、その方のやり方を極力尊重したいと思っているのだけれど、時には「そんなことしたらダメ。お肌が傷ついちゃうよ!」と、つい言ってしまうことがあります。それを続けていったら、せっかくのその方の努力が実らなくなることがわかっている場合は、言わずにはいられないのです。

　その代表的な3つが、①洗浄力が強い洗顔料を使っていること、②お肌をこすること、③お肌を引っ張って引き上げようとすること。ですから、私の口癖は「**洗い過ぎない、こすらない、引っ張らない**」(笑)。

　たとえるなら、皮膚というのは本当にラップ1枚ぐらいの薄さなのです。それなのに、ゴシゴシこすったり、引っ張ったりしてごらんなさい。ラップだったらすぐにくしゃくしゃになるでしょう。そのくらい、傷つきやすいものなのです。

● ①洗い過ぎない ●

　私が口癖のように「洗い過ぎない、こすらない、引っ張らない」と言うには、それぞれ理由があります。

　界面活性剤が多く含まれるなど、洗浄力の強いもので洗わないとい

うのは、そもそも皮膚の汚れは洗浄力の強い石けんを使うから取れるというものではないからです。体の仕組み的には、**洗浄力の強い石けんを使うと毛穴が閉じ、かえって汚れが取りづらくなります。**

　それよりも、油分を含んだ洗顔料などをしっかり泡立ててから丁寧に指でなじませ、毛穴の中の脂を溶かし出します。毛穴の汚れは脂がほとんどだからです。

　洗浄力が強過ぎるものはＮＧではあるけれど、酵素洗顔料やピーリングで厚くなった角質を取り去るケアは、週に１回なら大丈夫です。ただ、これを毎日使ったり、皮膚をゴシゴシこすったりするのはＮＧなので注意してください。

　また、顔の皮膚というのは、目のまわりは薄いけれど、おでこから鼻にかけてのＴゾーンは厚みがあるなど、場所によって状態が異なります。顔全体に泡をのせて同じように洗うというより、皮膚が厚い場所はしっかり洗い、薄い場所はさっと洗い流すだけにするなど、ちょっとした調整も大切になります。

● ②こすらない ●

　顔を洗うときは**皮膚と手や指の間に泡が入るようにして、泡を滑らせるように動かして洗いましょう。**泡を通り越して指で皮膚に触れながら洗っている人もいるようですが、これはＮＧです。

　洗顔後に顔をふくとき、ついタオルでこすったりしていませんか？
　タオルをそっと肌の上にのせて、水分だけ吸収させるように、やさしく丁寧に扱ってくださいね。

　ちょっとした違いですが、これが数年後、数十年後のあなたの美しさに大きな違いを生み出します。ただ、ちょっとした違いだからこそ、

無意識でやっていることに気づかない人もいるのです。

　以前、あるお客様が「先生、肌の赤みがなかなか取れないのだけど、どうしてかしら?」と言いました。私はいつものように「皮膚をこすったりしていない?」と尋ねると、「先生にいつも言われているからしていません」というのです。

　それでもよくよく聞いてみたら「あ!　サウナに入って汗をかいたときはこすっていたわ」と気づかれました。さらに「テニスをして汗をかいたりしたときも、勢いでごしごしこすっていたかも……」と。このように意外と意識していないところでやってしまっていることがあるので、気をつけてくださいね。

● ③引っ張らない ●

　肌を引っ張るということも、無意識のうちにやってしまう人が多いようです。頬のあたりのお肉がちょっともたついてきたなあ……と思うと、クリームを塗るついでに、「リフトアップしますように」と願いつつ、皮膚を上に引き上げたりしたこと、ありませんか?

　けれど、それをやると逆に肉をたるませてしまいます。手で頬の肉を上げても、手を離したら肉は落ちます。もちろん、プロのエステティシャンがきちんと皮膚や筋肉の理論をわかったうえで、施術中に皮膚を持ち上げるのはよいのです。

　しかし、ふだんのケアで安易に**お肉を持ち上げるのは絶対にやめてほしい**。そんなことをしなくても、リフトアップにつながるやり方を本書ではご紹介しているので、ぜひ参考になさってください。

こりやむくみに最もきく方法

　間違ったお肌のお手入れということで、顔まわりのことをお伝えしてきましたが、体についての間違った思い込みについてもお伝えしておきましょう。

　多くの方が「足のむくみを取るために少しマッサージしているのだけれど、あんまりよくならないんですよね」とおっしゃいます。そんなとき、私がいうのはこの一言。

　「マッサージする時間があったら、屈伸運動しよう！」。

　そのほうが10倍も効果は上がります。

　正直にいうと、体のしくみや解剖生理学をふまえたマッサージをしないと、効果はないのです。それよりも、「5分間、屈伸運動やスクワットや足のストレッチをしてみませんか？」とお伝えしたいのです。

　まずは自ら動く。手によって動かす他動運動よりも、自ら動く自動運動のほうがよっぽど効果的です。

　足のむくみはもちろん、肩こりがひどい人も、ぜひ自分で肩を大きく回したり、左右の肩甲骨を背中の中心に向かってぐーっと寄せる動きをしたりしてみてください。こういう動きのほうが、すっきりして体が楽になる感覚を得やすいはずです。

　本書でもそうしたプチ運動法をご紹介しています。よかったら日々の習慣の中に取り入れてみてほしいと思います。

Chapter 1-5

基礎化粧品、
どうやって選んでいますか?

● 基礎化粧品を選ぶ目的 ●

　ネットでの情報同様、いろいろな化粧品が日々生まれています。デパートやドラッグストアに行くと、本当にたくさんの基礎化粧品があって、一体どれを選んだらよいか、迷ってしまう人も多いでしょう。

　私がお伝えしたいのは、何のために使いたいのか、自分のニーズをまずはっきりさせることです。保湿なのか、ニキビケアなのか、美白なのか、アンチエイジングなのか、**なんのために基礎化粧品を使うのかを明確**にします。

　化粧品メーカーは、消費者のニーズに応えるために、さまざまなうたい文句をつけていますから、その中からあなたのニーズにあったものを選べば、まず問題はありません。

　ただ、宣伝文句だけに惑わされないでほしいと思います。各メーカーが提示している使用方法を守ったうえで、きちんとその効果が現れているのかを、自分の目で、触感で、確かめてください。**2週間程度使えば、その化粧品が自分に合うかどうかはわかる**はずです。

● 基礎化粧品の「正しい」使い方 ●

　基礎化粧品で何を使うかも大切ですが、それを**どのように使っているかも大切**です。もしかしたら、こちらのほうが重要かもしれません。

そこでここでは、基本中の基本、クレンジング→洗顔→保湿ケアまでの手順をおさらいしておきましょう。

【クレンジング】

まず、お化粧している場合は、クレンジングから入ります。クレンジング剤を肌にのせたら、その上を指で滑らせるようにしてやさしく汚れを落とします。何度もいいますが、肌をごしごしこすってはだめですよ。その後、丁寧に洗い流します。

基本的にダブル洗顔はおすすめしません。なるべくならクレンジングと洗顔が同時にできるようなクレンジング剤を使いましょう。ダブル洗顔はすればするほど、肌への刺激となってしまうからです。

【洗顔】

もし、お化粧をしていなければ、洗浄力が強すぎない洗顔料で汚れを落とします。よく泡立てて、その泡を肌に置いて泡を動かすくらいの感じで大丈夫です。

このとき、10 〜 20 代で皮脂分泌が活発な人は、丁寧に洗顔して汚れを落としたほうがいいですし、年配の方で「今日はノーメイクでほとんど外出しなかったわ」という場合は、ぬるま湯でやさしく洗うだけでも十分です。それぞれの人に合わせたやり方で、汚れを落としましょう。

きれいに洗い流したら、タオルで水分をやさしく拭き取ります。決してこすらず、押さえるようにして水分を取ります。**ラップが肌にのっているという感覚**で、それをシワシワにしないように、やさしくやってみてくださいね。

【保湿】

そのあとは化粧水などで、たっぷりと水分補給しましょう。さらにまだ自分が足りないものがあると思うのなら、美容液などで補ってもよいでしょう。

このとき、「コットンと手と、どちらを使うのがよいですか？」と聞かれることがありますが、どちらでも構いません。どちらの場合でも、皮膚をこすらないように注意すれば大丈夫です。

ただ、手のほうがいつでもどこでも手軽にできますよね。さらに、**化粧水を塗布したあとに少し軽く抑え込む**と、手の温度が加わることで、皮膚の中に水分が浸透しやすくなります。

潤い不足で少しかさついているなと思うときは、こんなふうに化粧水を２回に分けてお肌に入れ込んでいくのもおすすめです。もちろん、時間があるときはコットンに化粧水を含ませたパックなどもいいと思いますが、時間がないときはこういう方法でケアしてあげましょう。

最後は皮膚に浸透させた水分や栄養を逃がさないという意味で、**クリームなどで薄く幕を張っておく**ことが大切です。これは人間が本来持っている皮脂膜の代わりをつくっておくということです。

もし、脂性肌の人だったら、乳液程度で大丈夫です。でも、肌から油分があまり出ないという人の場合は、しっかりと油分をプラスして膜を張っておきます。

自分にどのくらいの油分が必要かをはかる目安は、朝起きたときのお肌の状態です。触れてみて少しかさついているようなら、油分が足りないということなので、夜のケアでしっかり補いましょう。

化粧品業界の裏話

● 化粧品の効果が違う秘密 ●

　美容業界で50年も仕事をしていると、いろいろなことが見えることがあります。私自身も化粧品をつくっているので、よけいにそういう業界の裏が見えてしまうことも……。ここではそんな裏話をちょっとだけご紹介しますね。

　たとえば、化粧品をつくる際、美白に効く成分を入れたいとなった場合、そういう原料屋さんが世界中にあるので、そこから仕入れます。ビフォア・アフターのデータを比較したりしながら、どこのものを使うか決めるのです。

　各原料メーカーさんからは、たとえば「この原料を5～7％濃度で使うと、これだけの効果があります」というデータが必ず開示されています。私は自分のところでその原料を使うとなったら、必ず指定された分量を使っているのですが、世の中にはそうではない化粧品メーカーも多いようなのです。

● たった1滴の成分でも…… ●

　実は、ある大手の化粧品メーカーの社長さんから「Rey さんのところの化粧品は、なんでそんなに効果があるんですか？」と聞かれたので、「原料メーカーさんが効果を出した濃度の分量を必ず入れています」と正直にお伝えしたところ、「本当にそんなに入れているんです

か?」とびっくりされたことが何度かあるのです。

　残念ながら、まことしやかにささやかれているように「プールの水に1滴入れても入れたことになる」ということらしいのです。

　化粧品の値段のつけ方も、ちょっとびっくりしてしまう話を聞いたことがありました。たとえばここに、同じような成分の化粧水が2本あるとしましょう。そして、「この商品のターゲットはどのくらいの年齢層にする?」という話し合いがされていたとします。

　そこで「10代後半から20代にしましょう」となると、「じゃあ価格は3800円くらいだね。パッケージはカジュアルな感じにね」。

　ところがこれが「50代向けにしましょう」となると「それなら1万2000円だね。パッケージは少し重厚感がある感じにしよう」。

　これを知ったときは、「えー!　材料費によって販売価格を決めているのではないの?」と、本当に驚きました。流通させるためには、もちろん原価にいくらか上乗せして販売価格を決める必要があります。でもこのやり方は、ちょっと違うような気がしました。

　私だったら、こんなやり方をしたら、お天道様に顔向けできないなあ、なんて思ってしまうのです。

　もちろん、これまで聞いた話は一部のメーカーさんのことでしょう。それに、化粧品の開発や販売も商売ですから、馬鹿正直にやって利益がまったく出ないということでは困ってしまいます。ですが、適切なコスト計算を度外視して、詐欺まがいのようなことがまかり通る業界にはなってほしくないと願っています。

本書をあなたの
「美のバイブル」にしていただくために

●「50年23万人の施術経験」をあなたに ●

　本書は、エステティシャンとしての現役50周年を記念して、これまでの集大成となるような内容を考えました。これまでの経験から培ってきた技術や知識に基づく情報を詰め込み、ニキビに悩んでいる人、乾燥肌で悩んでいる人、老化を気にしている人、敏感肌で困っている人など、年代問わず、どんな方にとっても**「困ったな。こういうときはどうしたらいい?」というとき、手に取っていただける本**となっています。

● どのくらいのペースで行えばいい? ●

　また、ご自身に合ったセルフケアであなたの美を磨きたい場合は、**朝晩をベースに行う**ことから始めてみてください。もちろん、朝は忙しいという場合は、夜にしっかりケアの時間を取るというのでもOKです。スペシャルケアとして取り入れる場合は、週に1回を基準に続けてみてください。

　肌の調子がいつもと違うと感じたら、ぜひこの本を開いてもらえたらうれしいです。ニキビができたり、乾燥がひどくなったり、肌に何らかのトラブルが起きたときはこの本を読んで、「ああ、こうすれば治るんだな」とほっと一息つきましょう。それから、トラブルを解消

するためのケアを続けていってくださいね。

　お腹をスッキリさせたり、足のむくみを取ったりするボディケアも、できれば毎日続けてほしいところです。3分でも5分でもいいので、歯を磨くように**毎日の生活の中に組み込んでしまう**と意外と早く習慣化することができます。

　基本は**毎日3～5分**、ちょっとだけでOKです。お風呂の中でちょっとだけ、ドライヤーで髪の毛を乾かしながらちょっとだけ、寝る前にちょっとだけというように、続けてもらえたらうれしいです。

　サロンのお客様で60代の方なのですが、スクワットを夜の歯磨きの時間に毎日やっているという方がいます。1日20～30回程度、10年以上続いているそうです。足腰がしっかりしていて、背筋もピンと伸びて、お肌の調子もとてもいい。同年代の方と比べても、お元気なのは一目瞭然です。毎日のちょっとした美習慣の積み重ねが、その方ならではの美しさに磨きをかけているのです。

　でも、**無理はしない**でくださいね。もし、今日できなかったら、また明日からやればいいんです。今日できなかったからといってあきらめないでください。それをきっかけに、明日もやらないとなってしまうほうが、美からは遠ざかってしまいます。コツコツ続けることを目指してもらえたらと思います。

● セルフケアに重要なこと ●

　そしてもう1つ、大事なことをお伝えしたいと思います。

　セルフケアを行う際、**意識はなるべく楽しくなるような、ワクワク**

するような方向に向けることを忘れないでほしいのです。

　「あー、また太っちゃった」「今日もすごくむくんでる」「どうにかならないかな、このお腹……」なんて、自分のことを悲観するような意識はさっさと手放しましょう。

　その代わり、「今日中に足のむくみは取っちゃおう！」「このむくみが取れたらすっきりするもんね！」「これをやってヒップアップしたら、かっこよく服が着こなせる！」など、楽しくなるような気持ちでやってみてください。

　そんなふうにしたほうが、セルフケアを続けるのが楽しくなりますし、不思議なことに、お肌も体もあなたが思い描くほうに向かおうとしてくれるのです。ぜひ、だまされたと思ってやってみてほしいです。

　さて、ここから先は、いよいよ７大悩みを解消するためのセルフケアの紹介となります。最初から読むもよし、ご自身のお悩みの箇所から読み始めるもよし。そして、毎日コツコツ、ちょっとずつ続けていきましょう。この本を通して、あなたがどんどん美しく幸せになっていく。そのサポートができることを願っています。

第2章

プロの裏ワザも公開！
美容の7大悩み
解消セルフケア

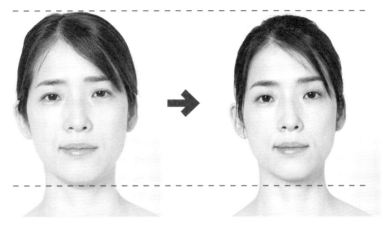

27.8cmから26.8cmに！
マイナス1cm減！

●「大顔」に見える原因とは？ ●

　一時期の「小顔」ブームの影響か、顔のサイズを気にする方が増えました。実際に、皆さんの顔は大きくなっているのでしょうか？

　ご安心ください。美容業界の変遷を50年間見てきていますが、顔の骨格自体は大きくなっていません。

　逆に全体的に皆さん、細く華奢になっている傾向があります。ただ、昔に比べて体を動かす機会が減りました。手足だけでなく、口元などもそんなに動かさなくなってきていることにお気づきでしょうか。

　今はたいていの人がスマートフォンやパソコンを1日中見ています。体も表情も停止させて、じーっと画面だけ見続ける時間が格段に増えました。そのために顔の表情筋を動かす機会も減っているために、血液やリンパが滞り、顔もむくみやすくなってしまいました。

　そう、「大顔」に見える一番の原因は、顔のむくみなのです。

● 首の筋肉をほぐし、脂肪を揉み出す ●

　顔がむくむ原因は、顔に向かって新鮮な血液を運ぶ頸動脈、そして顔からの老廃物を流していく頸静脈の流れが悪くなっていることです。

　そこで、まずは首まわりの胸鎖乳突筋まわりをほぐして柔らかくし、その下を通っている頸動脈と頸静脈の血流を促します。

　さらに、時間が経つとむくみは脂肪になってしまいます。脂肪はフェイスラインにつきやすいので、しっかりと揉み出して、すっきりした顔のラインをつくりましょう。そうすることで、誰もがすっきりシャープな小顔に変身することができます。

小顔セルフケア

● まずは触って顔のサイズを確認 ●

ただまんぜんとセルフケアをしても、なかなか効果がわかりません。

そこでおすすめなのが、ビフォーアフターのサイズを知ることです。サイズダウンしたら、もっと続けたくなるでしょう。楽しみながらケアを続けていってください。

両手の指を軽くそろえて、フェイスラインから頬を包み込みます。フェイスラインと頬についたお肉や脂肪の量を感じてください。

今度は右手で二重あごや左の頬を包み込み、フェイスラインと頬のお肉の量や質感を感じます。逆側も同様にしてください。これによって、多角的に顔のお肉の量が認識できます。

\ Point! /

メジャーで測れば
さらにモチベーションアップ！

実際にメジャーで測っておくと、数字で効果が見えるのでさらにモチベーションが高まります。サイズを測る場合、左の耳下からあご先を通って右の耳下にいくよう、フェイスラインに沿わせてメジャーを渡して測ります。

胸鎖乳突筋などにアプローチ

四指をそろえ、右側の胸鎖乳突筋とその横にある三角形の部分に、しっかりと圧を加えます(小顔美点)。少しずつ手を下に移動させながら、4カ所くらいに分けて圧を加えます。それぞれ4秒ほど圧を加えてほぐします。左側も同様に行います。

あご下フェイスラインの揉み出し

左右の指を2本ずつ使い、フェイスラインの下の肉を寄せてねじります。皮膚を滑らせるのではなく、しっかりと肉を寄せましょう。二重あごのもとになる、あご下の肉があるところから始めます。

右耳の下に向かって、お肉を寄せてねじる動作を続けます。逆側も同様に、あご先から左耳に向けて行います。

37

小顔ケア プロの裏ワザ

　顔の老廃物を流し、よりすっきりした小顔になるための裏技です。先ほどの小顔セルフケアで胸鎖乳突筋をほぐしたり、あご下の肉を揉み出したりということを行いました。

　そこで出てきた老廃物をしっかりと耳下のリンパ節まで流すことで、よりすっきりした小顔に近づくことができます。このとき、フェイスラインに引き締め効果のあるクリームなどをつけて行うと、より一層効果的です。

　もしなければ、顔の手入れの最後に使うクリームなどをつけて行ってもよいでしょう。

\ **Point!** /

あご下の肉や脂肪をしっかり意識して、耳の下までしっかりと老廃物を流していくことが大切です。最後は、左右の耳下（耳下美点）を指の腹でもみほぐし、老廃物が出ていくための出口を開けましょう。速やかに老廃物を流すことで、すっきりした小顔に近づくことができます。

①左耳つけ根のフェイスラインを人差し指と中指で挟み、薬指は中指に軽く添えます。

②あご下の肉を意識しながら、フェイスラインに沿って老廃物を流します。

③右耳のつけ根に運んできた老廃物を流し込むようなイメージで行いましょう。反対も同様に行います。

④最後に左右の耳の下を指の腹でもみほぐし、フェイスラインに沿って流れてきた老廃物を排泄する出口を開きます。左右交互に各10回、これらの動きを繰り返します。

ほうれい線が消えると
10歳若返る!

ほうれい線は頬の肉がたるんで下垂することでできます。頬のたるみを解消し、若々しい印象を取り戻しましょう。

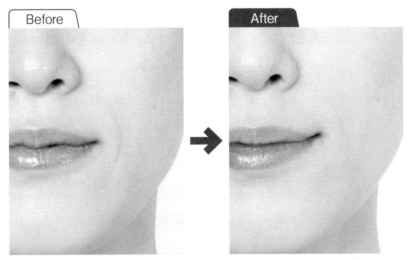

Before

After

ほうれい線のしわが陰をつくり、肌がたるんでいるように見えてしまい、老化を感じさせます。セルフケアでもここまでほうれい線をなくすことができます。

● ほうれい線が低年齢化⁉ ●

　この50年間で、ほうれい線を気にする年齢層がどんどん低くなっているように感じています。以前は30代半ばくらいから、気にする人が増えていましたが、最近では10〜20代の人たちからも「ほうれい線が気になるんです」という声をよく聞きます。

　スマートフォンでのやり取りが増えてきたため、たしかに口を開いて話をする機会が減り、頬の筋肉が衰えているのが主な原因かもしれません。

　気になる場合は、セルフケアを続けて線を薄くしていきましょう。

● ほうれい線はなぜできる？ ●

　ほうれい線とは、鼻から口元の両脇にかけて伸びるしわのことを指します。ほうれい線ができる原因は、頬の肉がたるんで下垂してくることにあります。

　表情筋は通常の筋肉同様、使っていないと衰えていきます。さらに、年齢とともに頬の肉がたるんでくるので、このたるみを取ることが大事なポイントです。

　そのために、まずは頬に溜まっているむくみから、取っていきましょう。さらにそこから頬の筋肉に働きかけて刺激を与え、代謝を促していきます。すると頬が引き締まるので、たるみによる線が薄くなり、若々しい印象になっていきます。

ほうれい線解消ケア

頬のお肉を中に向けて押し込む

ほうれい線のくぼんだしわの上ではなく、ほうれい線の少し外側の頬の肉に3本指の腹をのせます。そのまま4秒ほど、頬の肉のたるみや脂肪を中に向けて押し込みます。これを痛気持ちいいくらいの強さで、4回繰り返します。

\ NG! /

引き上げるのは絶対NG！

ほうれい線の外側に置いた3本指で、つい引き上げたくなった人もいるでしょう。けれども、手を離したらお肉は下に落ちます。
この動きを繰り返すと、頬の肉のたるみを増長し、ほうれい線をより深めてしまうので注意してください。

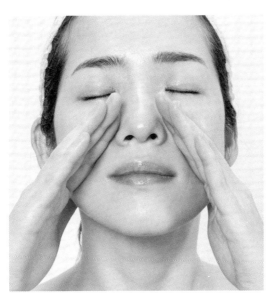

人差し指の側面全体を使い頬の肉を押し込む

ほうれい線のしわの上ではなく、ほうれい線の少し外側の頬の肉に、人差し指の側面を押し当てます。

そのまま4秒ほど、頬の肉のたるみや脂肪を中にむけてグーッと押し込みます。これを痛気持ちいいくらいの強さで、4回繰り返します。

こうして刺激を与えて代謝を上げ、頬の肉のたるみを解消することで、ほうれい線を薄くすることができます。

ほうれい線 プロの裏ワザ

43 ページのケアでほうれい線にアプローチする際、親指をあご下にひっかけるようにしてロックします。

こうすると、しっかりと頬のお肉に圧を入れることができ、より効率的に代謝を上げることができます。

気になるマリオネットラインを解消！

マリオネットラインとは、口の両端からあごにかけてできるしわのことを指します。

その原因は、ほうれい線同様、頬のたるみです。これを解消するために、まずはマリオネットラインの少し横のふくらみがある箇所に指を3本のせ、そのまま4秒ほど、中にむけて押し込みます。

これを痛気持ちいいくらいの強さで、4回繰り返します。

マリオネットラインのすぐ上のふくらみに薬指がのるよう、手のひら全体で頬を包み込みます。薬指をぐーっと中に向けて4秒ほど押し込みます。こちらも痛気持ちいい程度に、4回行います。

\ **NG!**

皮膚の引き上げはさらなるたるみの元！

マリオネットラインの外側のふくらみに薬指をのせ、手のひら全体でケアする際、つい上に引き上げたくなると思いますが、上ではなく、中に向かって力を入れていきます。

皮膚を引き上げる動作を繰り返すと、よけいに頬の肉がたるみ、マリオネットラインがさらに深くなってしまうので注意しましょう。

目元が変われば 美人度アップ!

● 第一印象を大きく左右する目元 ●

　全身の中でも目元の皮膚は、とくに薄くてデリケート。そのため目元は、年齢や疲れが目立ちやすいといわれています。また、「目は心の窓」といわれるくらい、その人の心の在りようが現れる部位でもあります。

　だからこそ、しっかりと弾力や潤いを保ち、はつらつとした印象を維持したい。きっと多くの方々がそう思っていることでしょう。けれども加齢や日焼け、睡眠不足、ストレスなどが積み重なることによって、ともすると疲れたような印象の目元になってしまいがちです。

　また、近年では多くの方々が長時間、パソコンやスマートフォンの画面を見ていますよね。この場合の目元の疲れの原因は、同じ距離でずっと静止していることによります。動かず緊張状態が続くため、そこに疲れも老廃物も溜まってしまうというわけです。

　私たちのサロンにいらっしゃるお客様の多くが悩まれている「まぶたのたるみ」「目の下のクマ」「目尻のしわ」という目元の3大悩みを解消する方法を1つずつご紹介していきます。ぜひあなたが気になっている箇所のケアから取り入れてみてください。

　毎日、コツコツ続けていけば、美人度アップは間違いなし!です。

●セルフケアでもこんなに変わる！●

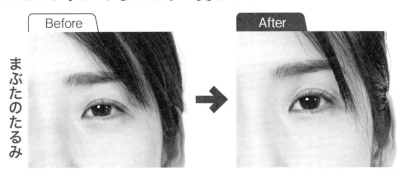

まぶたのたるみ

まぶたがたるむと目元がどんよりとした印象になってしまいます。ここに弾力を持たせることで若々しい印象に。

クマ

目の下にクマがあると、実年齢より老けて見られがちです。毛細血管の血行不良を解消することでフレッシュな印象に。

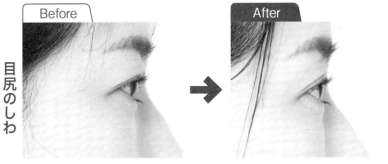

目尻のしわ

目尻のしわは「笑いじわ」ともいわれ、チャーミングな印象ですが、筋肉をほぐすとしわが薄くなり、美人度もアップします。

まぶたのたるみ解消ケア

●「目の上美点」でまぶたの弾力を取り戻す ●

　眼精疲労は、まぶたのたるみを増長する原因にもなります。また、コンタクトレンズによる目への刺激、見えづらくて目を細めるなどの過剰な動きによって、眼輪筋が衰え、まぶたがたるみやすくなります。

　花粉症の時期になると、つい目をこすってしまう方が増えますが、こうした外的刺激もまぶたのたるみにつながります。

　さまざまな刺激や加齢によって、たるみがちなまぶたを若々しく保つのに役立つのが「眉上美点」と「目の上美点」です。ここを刺激しながら、すっきりとしたまぶたを目指しましょう。

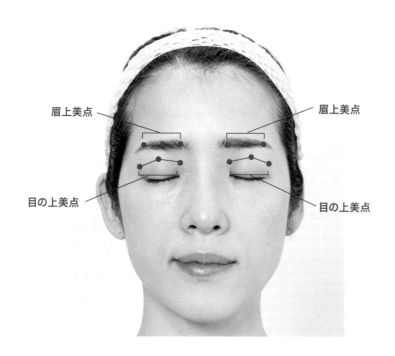

眉上美点

眉上美点

目の上美点

目の上美点

やってみよう！
セルフケア

① **アイホールの3点をプッシュ**

目頭に薬指を置き、中間に中指、アイホールの骨の内縁に人差し指を置きます。それぞれの指先の腹で、アイホールの1mm中側に向けて気持ちいい程度に圧を加えます。4秒×4回を目安に行います。

② **眉の上の3点をプッシュ**

眉頭に薬指を置き、中間に中指、眉尻に人差し指を置きます。それぞれの指先の腹で、眉の下にある骨を押すようなイメージでしっかりと圧を加えます。4秒×4回を目安に行います。

老け見えのクマ解消ケア

●「目の下美点」で毛細血管の血行を促す ●

　目の下のクマの原因は、毛細血管の血行不良です。寝不足だと血行不良が起きやすくなります。

　目の下は皮膚が非常に薄いので、血液の滞りがわかりやすく出てしまうのです。老け見えしてしまう目の下のクマの解消には、「目の下美点」と「こめかみ美点」が役立ちます。

　目の下にある3点とこめかみ側にある3点をやさしくプッシュして血行を促すことが一番のケアになります。ただし、目の下の毛細血管は非常に細くてもろいので、この部位に圧を加えるときは皮膚が1㎜沈むくらいのイメージで行ってください。

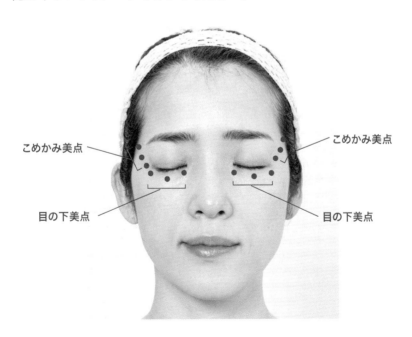

こめかみ美点　　　　　　　　　　　　　　こめかみ美点

目の下美点　　　　　　　　　　　　　　目の下美点

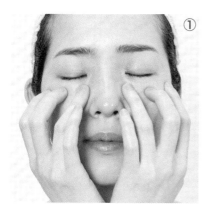

① 目の下の3点をプッシュ

目頭寄りのアイホールの外側に薬指、
中間に中指、目尻寄りに人差し指をの
せ、ごく軽くプッシュ。皮膚が1mm沈
むくらいのイメージで。4秒×4回を
目安に行います。

② こめかみ側の3点をプッシュ

目の下に置いた3指を横にスライド
させ、骨の段差を感じる部分に3指を
置いてプッシュ。ここは気持ちよい程
度の強さで、4秒×4回を目安に行い
ます。

目尻のしわ解消ケア

●「こめかみ美点」で表情筋をほぐす ●

　目尻のしわは、乾燥と表情筋の動きと両方が原因です。「笑いじわ」ともいわれますが、放っておくと「カラスの足跡」状態になり、より深く目立つしわになってしまいます。

　まずは日々のケアで乾燥を防ぎましょう。保湿力の高い化粧品を使うのも１つの手ですが、まずは洗顔料から見直してみてください。洗い終わったとき、肌につっぱり感があるのは、洗浄力が強過ぎる証拠です。なぜなら、皮膚というのは洗浄力が強いもので洗うと、それに抵抗するためにきゅっと毛穴を閉じてかたくなるからです。

　表情筋をほぐしてしわを薄くしていくには「こめかみ美点（上・中・下）」が有効です。眉尻の延長線上を上段、その下を中段、目尻の延長線上を下段と各３点ずつ圧を加えて、筋肉をほぐしていきます。

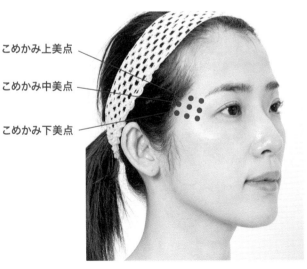

こめかみ上美点

こめかみ中美点

こめかみ下美点

やってみよう！
セルフケア

① 「こめかみ上美点」をプッシュ

眉尻からの延長線上に人差し指、中指、薬指の3指をのせます。中側に向かって指先の腹でしっかりと圧を加えます。4秒×4回を目安に行います。

② 「こめかみ中美点」をプッシュ

こめかみに置いていた3指を下にスライドさせ、中側に向かって指先の腹でしっかりと圧を加えます。4秒×4回を目安に行います。

③ 「こめかみ下美点」をプッシュ

目尻からの延長線上に3指をスライドさせ、中側に向かって指先の腹でしっかりと圧を加えます。4秒×4回を目安に行います。

目元ケア プロの裏ワザ

　まぶたのたるみ、目の下のクマ、目尻のしわと、同じ目元でもセルフケアの方法は大きく異なることがおわかりいただけたと思います。さらに効果を上げたいという方は、ぜひこちらのプロの裏技も活用してみてください。毎日続けることで、弾力のある若々しい目元になっていきます。

〈まぶたのたるみ〉

「目頭美点」をプッシュ

目頭の少し上にあるアイホールのふちに、両手を組み合わせた状態で人差し指を置き、中側に向けてしっかりと圧を加えます。この「目頭美点」に刺激を加えると、まぶたのたるみにより弾力がつくようになります。

〈クマ〉

アイホール下側を3指でプッシュ

アイホールの下側の目頭近くに薬指、中間に中指、目尻近くに人差し指を置き、指先の腹を使いながら、アイホールの骨に向かってやさしく圧を加えます。

〈目尻のしわ〉

細かい振動で表情筋をほぐす

保湿クリームを塗ったり、顔全体のお手入れの最後にクリームなどを塗ったりした後、人差し指、中指、薬指の3指をしわの上にのせ、しわに対して垂直になるよう、2、3mm幅で細かく動かします。表情筋をほぐすことで、しわが薄らいでいきます。

おでこ＆眉間のしわを取って好感度を上げる

● おでこ＆眉間のしわは気難しい印象に ●

　表情じわの１つである、おでこや眉間のしわ。どちらのしわも、老けて見えたり、不機嫌に思われたり、気難しい人だと誤解されたりしがちなので、しわが定着しないように気をつけたいものです。

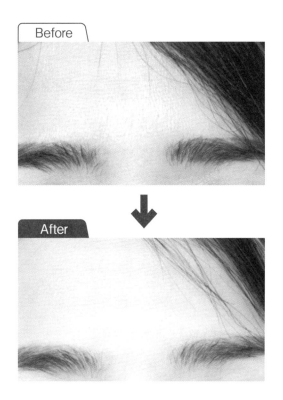

Before

After

● しわを寄せてしまう無意識の動作を減らす ●

　おでこと眉間のしわは、乾燥や紫外線の影響もありますが、一番の原因は表情筋のこりや疲労です。加齢とともに出ることが多いのですが、おでこや眉間をよく動かす人ほど、しわが目立ちやすくなります。

　たとえば、目が悪いと目を見開いてものを見ようとしたり、目を細めて見ようとしたりすることがあるでしょう。

　そのほとんどが無意識のうちの動作となっています。まずは自分がどのような動作をしているかに気づき、その動作をやめる努力をする必要があります。その方法はのちほどお伝えしますので、ぜひ試してみてください。

　ここでもう1つお伝えしておきたいのが、美容整形で行われているボトックス注射のこと。確かにこの注射をすると、筋肉を弛緩させることになるため、おでこや眉間にしわはできなくなります。けれど、おでこの筋肉でまぶたを上げていた人の場合、まぶたが下垂してしまい、目を開けづらくなることがあります。また、眉間から眉にかけての動きが緩慢になり、不自然な表情になってしまうこともあります。

　美容整形に反対はしませんが、メリットとデメリットの双方をよく考慮したうえで、試してもらえたらと思っています。

おでこのしわ解消ケア

● 前頭筋のこりをほぐしてしわを薄く ●

　とくにおでこは面積が広い部分のため、しわができると目立ちやすい場所でもあります。そして、ふだんおでこをよく動かす人ほど、しわが目立ちやすくなります。

　おでこの正面には前頭筋という筋肉があり、目や眉、おでこの動きに関わっています。日常的なセルフケアとしては、この筋肉をしっかりほぐして弾力をつけ、しわを薄くしていきます。

　たとえば、目が悪いと目を見開いてものを見ようとすることがあると思います。このとき、まぶたを上げようとして、眉毛の上のおでこの筋肉を使ってしまうのです。まずはこの動きをやめ、まぶた自体で上げるように意識してみてください。

①

前頭筋をほぐす　その1

眉の上に人差し指、中指、薬指の3指をのせます。それぞれの指先の腹で、中側に向けてしっかりと圧をかけ、そのまま上下に動かします。上下の幅は5mm程度のイメージで。これを4回繰り返します。

② **前頭筋をほぐす　その2**

人差し指、中指、薬指の3指を少し上にずらします。それぞれの指先の腹で、中側に向けてしっかりと圧をかけ、そのまま上下に動かします。上下の幅は5mm程度のイメージで。これを4回繰り返します。

③ **前頭筋をほぐす　その3**

さらに人差し指、中指、薬指の3指を少し上にずらします。それぞれの指先の腹で、中側に向けてしっかりと圧をかけ、そのまま上下に動かします。上下の幅は5mm程度のイメージで。これを4回繰り返します。

＼ **Point!** ／

直径5mmの小さな円を描くイメージで

上下で動かすことが無理なくできるようであれば、今度は直径5mmの小さな円を描くイメージで圧をかけてみましょう。慣れていないと少し難しく感じるかもしれませんが、サロンで行う場合は、このような動きを取り入れて、しっかり前頭筋をほぐしていきます。

眉間のしわ解消ケア

● 表情筋をほぐして眉間のしわを防ぐ ●

　眉間のしわは、日常の何気ない表情のくせが原因です。たとえば、視力が悪く、見えづらいとつい目を細めてしまうときに眉間にしわを寄せていたり、何かストレスがかかった瞬間に、同じような動きをしてしまったり……。

　サロンのお客様でも、こういう方がいらっしゃいました。「子どもを叱るとき、いつも眉間にしわを寄せてしまうんです」とおっしゃるのです。けれど、子どもを叱るくらいでそんなしわになったりはしません。無意識のうちに、眉間にしわを寄せる動作をもっとしているはずなのです。

　また、眉間にしわを寄せる動作はしていない、というお客様に、絆創膏やセロハンテープなどを細く切って、わざと眉間に貼ってもらいました。無意識のうちに眉間にしわを寄せたとき、その部分がつるため、動いたことがわかるからです。

　そうすると、ものすごくびっくりされます。「こんなに眉間にしわを寄せていたの⁉」って。実は眉間にしわのある方は、自分で思っている 100 倍くらいの頻度で、しわを寄せています。そういう習慣をなくすには、まずは自分がどれだけしわを寄せているかを知り、それを意識的に直していくことが必要になります。

　なお眉間は、左右の眉頭にある皺眉筋と鼻のつけ根にある鼻根筋によって、動いています。まずはこれらの筋肉をほぐし、着実に眉間のしわを薄くしていきましょう。

やってみよう！
セルフケア

指3本で眉間の筋肉をほぐす

眉間の上に人差し指、中指、薬指の3指を置きます。それぞれの指先の
腹で、中側に向けてしっかりと圧をかけ、そのまま左右に動かします。
左右の幅は5㎜程度のイメージで。これを4回繰り返します。

こすったり、上げたりはNG

眉間のしわを伸ばそうとしたり、皮膚をこすり
上げてしまったりするのはNG。皮膚に余計な
負担をかけて、よりしわが深くなってしまいま
す。皮膚を動かすのではなく、その下にある
筋肉をほぐすようなイメージで、中側に力を向
けてください。眉間のしわは縦なのでほぐす方
向は左右（横方向）になります。

おでこ&眉間のしわ プロの裏ワザ

〈おでこのしわ〉

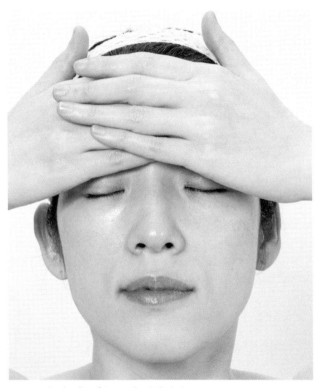

おでこのしわをプレスするように

　両手を合わせておでこの上に手を置きます。前頭筋全体を圧するように、しっかりと深い圧をかけます。しっかりと手のアイロンでプレスして、しわを薄くするイメージで行います。

〈眉間のしわ〉

細かく横に動かしさらに刺激を加える

眉間のしわに置いた3指を細かく横長のだ円形に動かします。5mm幅程
度のイメージで。これによって左右の皺眉筋や鼻のつけ根にある鼻根筋
がほぐれ、眉間のしわを薄くすることができます。

美脚は 女性の永遠の憧れ!

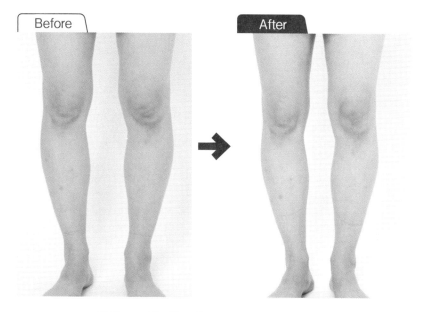

| Before | | After |

足首＝**ー0.8**㎝（20.2−19.4㎝）
ふくらはぎ＝**ー0.7**㎝（36.4−35.7㎝）
太もも＝**ー1.8**㎝（47.0−45.2㎝）

● 健やかにスラリとした足へ ●

　しなやかに伸び、ほどよく筋肉がついた美しい足は、すべての女性の憧れです。日々のお手入れを欠かさず行えば、誰でもすらりとした足を手に入れることができます。実際に5日間行った結果、次のようにサイズダウンしました。

● 足のサイズを測り、モチベーションを高める ●

　近年は、公共機関が発達したり、歩く道が舗装されたりしてきました。それによって、私たちの足にも変化が起きています。ほどよい筋肉がつきづらくなり、むくみやすい足になっているのです。

　都心部にお住まいの方は、公共交通機関が発達していたり、どこでもタクシーを使えたりします。また、地方にお住まいの方は、車移動が多く、歩いて移動することはほとんどないのではないでしょうか。

　また、歩くといっても、きれいに舗装され、段差などもあまりない場所を歩き、石ころや段差に気をつけて歩くということは、ほとんどないと思います。

　その結果、筋肉をあまり使わず、すり足のように歩く人が増えているのです。この歩き方では足に溜まった老廃物を流す静脈の動きも滞りがちになり、むくみやすい足になります。

　さらに、筋力が落ちることでO脚など足の形が悪くなったり、高齢になったときに転びやすくなったりします。美しい脚線美を目指すことは、将来長きに渡って健康に生きることにもつながります。

　美脚を手に入れるセルフケアをする際には、最初に必ず足首、ふくらはぎ、太もものサイズを測定します。続けるうちに、数値としてサイズダウンしていくのがわかるので、モチベーションも高まります。

● 足のサイズの測り方 ●

　できれば立った状態で測ります。とくにふくらはぎと太ももは、床から何cmの部分を測ったかもチェックしておきましょう。そうすることでより正確にサイズを測れます。

憧れの足に近づく美脚ケア

● 筋肉をほぐし、むくみを取る ●

　足が太い、足がむくむ、足がだるい……。それらの悩みを解消し、美脚になるケアです。足のすねの横にある前脛骨筋やふくらはぎの腓腹筋、太ももの裏にあるハムストリングス、ひざ上のお肉などをもみほぐし、老廃物を排泄してむくみを解消しましょう。65ページを参考に足の計測をしてから、始めてみてください。

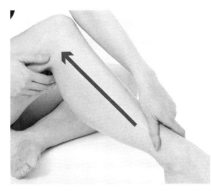

すね横の前脛骨筋をほぐす

すねの骨に左手をのせ、骨のすぐ横を親指で圧を加えて前脛骨筋をほぐします。くるぶしの上から膝に向けて、しっかりとほぐしましょう。左足も同様に行います。

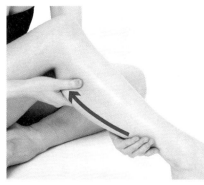

ふくらはぎの腓腹筋をほぐす

ふくらはぎにある腓腹筋を親指と４指でしっかりと捉え、はさんだ状態でアキレス腱からひざ裏までを両手で交互に動かしてほぐします。両足とも同様に行います。

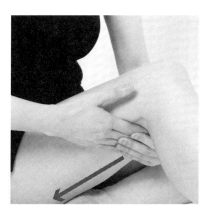

太ももの
ハムストリングスをほぐす

両手を重ねて右の太ももの裏に置き、指全体でしっかりと圧を加えてハムストリングスをほぐします。膝裏から足のつけ根まで丁寧に行いましょう。左足も同様に行います。

ひざ上の肉をほぐす　その1

人差し指から小指の4指で、右足のひざ上の外側にあるお肉を捉え、ねじります。痛気持ちいい程度の強さで行いましょう。左足も同様に行います。

ひざ上の肉をほぐす　その2

人差し指から小指の4指で、右足のひざ上の内側にあるお肉を捉え、ねじります。こちらも痛気持ちいい程度の強さで行いましょう。左足も同様に行います。

美脚ケア プロの裏ワザ

● より深く刺激を入れるために ●

　プロのエステティシャンは、足の筋肉の位置を把握しながら、それぞれの筋肉にしっかり刺激が入るよう、指を筋肉に差し込むような感じで施術を行います。

　太ももの裏にあるハムストリングスとは３つの筋肉の総称です。内側に半腱様筋・半膜様筋、外側に大腿二頭筋という筋肉があります。

　筋肉の位置を捉えるには慣れも必要なので、今回のセルフケアでは67ページのように全体に圧を入れる方法でお伝えします。筋肉の部位がわかる方は、こちらで紹介する手法も取り入れてみてください。

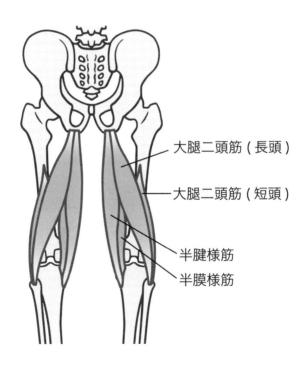

大腿二頭筋 (長頭)

大腿二頭筋 (短頭)

半腱様筋

半膜様筋

より深くハムストリングスを刺激する

右の太ももの裏に両手の指先の腹を置き、ハムストリングスのそれぞれ
の筋肉にぐっと入れ込むようにして、より深くしっかりとほぐします。膝裏
から足のつけ根まで丁寧に行います。左足も同様に行います。

平らなお腹で
おしゃれ上級者に!

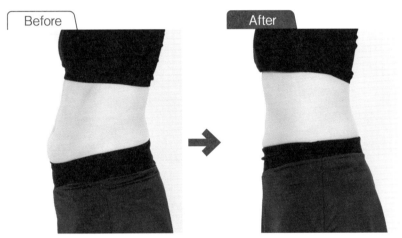

Before

After

お腹がスリムになるだけで、見た目年齢も若くなりますし、自分に自信を持てるようにもなります。ぜひ毎日続けて行ってみてください。

● お腹が平らだとどんな服も着こなせる ●

　加齢とともにお腹に脂肪がついてしまうのはなぜなのでしょうか。それは、この部位は日常生活の中でも、意識しないと動かさないところだからです。逆にここに意識を向けてケアするだけで、すっきりしたボディラインを手に入れ、お好きなファッションを恰好よく着こなせるようになります。

● お腹の脂肪の理想は厚さ 1 〜 2cm ●

　お肉がついていない平らなお腹を手に入れると、年齢よりも若く見えますし、いろいろなファッションを楽しむことができます。

　ただ、内臓を守るためにある程度の脂肪は必要です。

　その目安としては、アスリートなどではない一般の方々の場合、お腹の肉を縦につまんだときに厚さが1〜2cmが目安です。1cmを切ると、内臓が冷えやすくなるので注意しましょう。

　サロンのお客様の中でも、痩せすぎ体型の方が10%程度はいます。さらに、そのうちの10%はもともとの体質で太れないという方々ですが、残りの方々は痩せ願望が強かったり、神経的な不調から食べられなかったりします。そういう場合は、その方の状況に合わせた施術を行っています。

　逆に脂肪がつき過ぎで要注意という方々は、40%程度はいらっしゃるでしょうか。そういう方々でも、ケアを続けることで平らなお腹を手に入れていらっしゃいます。習慣のように毎日続けることで、成果は着実についてきます。脂肪の中でも内臓脂肪はなかなか取りづらいのですが、皮膚の下の脂肪は努力することで減らせます。ぜひ、楽しみながら続けてみてください。

ぽっこりお腹解消ケア

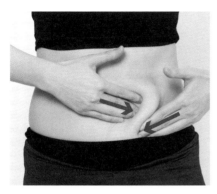

お腹のお肉を縦に寄せて
ねじる

人差し指から小指までの4指で縦
にお肉を寄せてねじります。この
繰り返しでお腹全体に刺激を与え
ます。痛気持ちいい程度の力加減
で行いましょう。

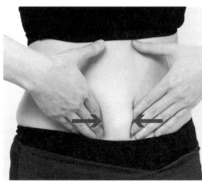

お肉がつきやすいへそ下を
重点的に

なかでも、おへその下付近は一番
お肉がつきやすい場所です。ここ
は縦方向にしっかり深く寄せてね
じりましょう。こちらも痛気持ち
いい程度で行います。

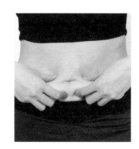

横につまんでも効果なし

お腹の肉をつまむとき、つい横につまんでしま
う人も多いと思います。けれど、これでは効
果が出ません。しっかり縦で捉えてねじるよう
にしましょう。

ぽっこりお腹ケア プロの裏ワザ

● 腸の形に沿いながら行う ●

　大腸は上行結腸、横行結腸、下行結腸、S状結腸というようにイラストのような形で腹部に収まっています。サロンでケアする場合は、これらの腸の形に沿うようにし、かなり深めの圧をかけて腹部をもみほぐします。この動きは、体脂肪はもちろん、内臓脂肪の解消に役立ちます。腸が整うと便秘も解消し、代謝のよい体になるといわれます。

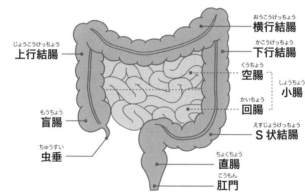

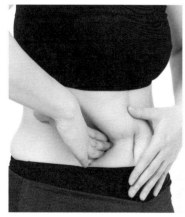

お腹の深い場所にまで
刺激を入れる

腸の形に合わせて、右手を深く腹部に差し込み、左手で縦に肉を寄せるようにしてねじります。写真は右脇腹に手を入れ、上行結腸から横行結腸に向かう曲がり角のあたりをもみほぐしています。この動作をお腹全体で繰り返すことにより、体脂肪はもちろん、内臓脂肪にも働きかけることができます。

華奢な首〜デコルテ で品格美人に

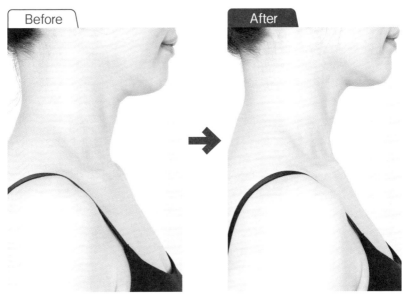

Before

After

● 「首美点」で美しいラインをつくる ●

　首筋がすっきりしていたり、きゃしゃな鎖骨がのぞいていたりする女性は、同性からみても魅惑的です。「首美点」を取り入れた日常的なケアだけでも、美しい首〜デコルテに変化させていくことができます。

● むくみを取ってデコルテ美人に ●

最近はスマートフォンの見過ぎなどで、首がストレートネックになっている人も増えているようです。

首はこうした歪みが出やすい部位でもあり、一度ラインが歪んでしまうと、その積み重ねが形状記憶されていくかのように、横に走るしわが刻まれていきます。

さらに高齢になると、皮膚と筋肉のたるみから、縦に走るしわができたりもします。

縦のしわを100%消すことは難しいのですが、その衰えをある程度で止めて、現状維持していくことはできます。そのために必要なのが、セルフケアと保湿です。

顔のケアのついでに余った化粧水やクリームを首に塗るだけでも、だいぶ変わってきます。こちらで紹介する「首美点」のセルフケアと合わせて、ぜひお試しください。

一方、デコルテは意外とむくんでいることをご存じでしょうか？私たちは便利な暮らしの中で、日常的に動かなくなり、その代わりに体を静止させて緊張状態でいることが増えてきました。

そのため、実は全身がむくみやすくなっており、デコルテもその影響を受けているというわけです。私たちは顔や足は「なんだか今日はむくんでいる」と意識しますが、「今日はデコルテがむくんでいるわ」と気づく方は少ないのではないかと思います。

日々の手入れでむくみを取ってあげれば、驚くほどきれいに鎖骨が見えるようになります。

首～デコルテお悩み解消ケア

〈首のライン〉

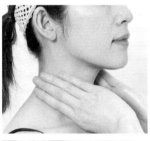

「首美点」ケア　その1

左右の耳の下に、両手をそろえておきます。指全体の腹で圧を加えます。4秒間、しっかりと痛気持ちいい力で行います。

「首美点」ケア　その2

左右の手を少し下にずらし、指全体の腹で圧を加えます。4秒間、その1と同じように行います。

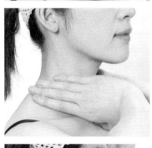

「首美点」ケア　その3

さらに左右の手を少し下にずらし、指全体の腹で圧を加えます。4秒間、その1と同じように行います。

「首美点」ケア　その4

最後は首の後ろを指の腹全体で捉え、しっかりとほぐします。その1からその4までの流れを、4回行います。

〈デコルテライン〉

まずは余計なお肉を排除

わきの肉を指全体で引っ掛け、しっかりと前側に持ってきます。わきに溜まったお肉や老廃物をデコルテにぐっと寄せていくイメージで行います。

デコルテのむくみを解消

胸の中央の鎖骨の下に人差し指を置き、1.5cm 下に中指、その 1.5cm 下に薬指を置きます。中央からわきまでしっかり圧を加えてほぐします。デコルテの下の筋肉をほぐし、むくみを取るイメージで行います。

鎖骨の内側をほぐして入れ込む

手を横にして人差し指の側面を鎖骨の上に沿わせます。鎖骨の内側に向けて、しっかりと押し込みます。デコルテに溜まったむくみや老廃物を流し込むイメージで行います。

首～デコルテケア プロの裏ワザ

● デコルテ全体をほぐし、老廃物を流す ●

77 ページのセルフケアでも十分に効果は出ますが、サロンで施術する場合は、筋肉をほぐしたことで動き出した血液中やリンパ液中の老廃物が、体の外になるべく早く出るよう促します。

その際、重要なのが、デコルテと腕のつけ根の間の部分です。ここをしっかりとほぐすことによって、デコルテ全体の筋肉がほぐれ、老廃物が流れやすくなります。

乳腺の働きも活発になることから、バストアップにもつながります。

デコルテがきれいに見えるのは、デコルテ全体がスッキリするのと同時に、バストアップされていることもポイントです。

鎖骨がきれいに見えてバストアップされると、上半身全体がほっそりとした印象になります。胸元が少しあいたトップスがきれいに着こなせます。

なお、デコルテまわりは痛気持ちいい程度の力加減で行うと、終わったあととてもすっきりした感じになります。

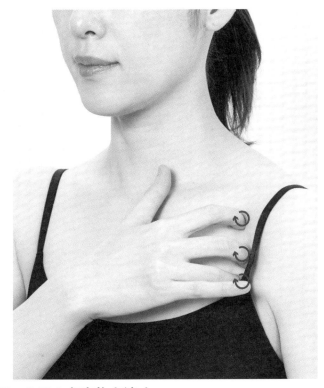

デコルテの老廃物を流す

デコルテをしっかりもみほぐし、ここに老廃物を流し込みます。筋肉など
を刺激することで血液やリンパ液の中に出た老廃物をしっかり排泄するよ
う促すことが大切です。

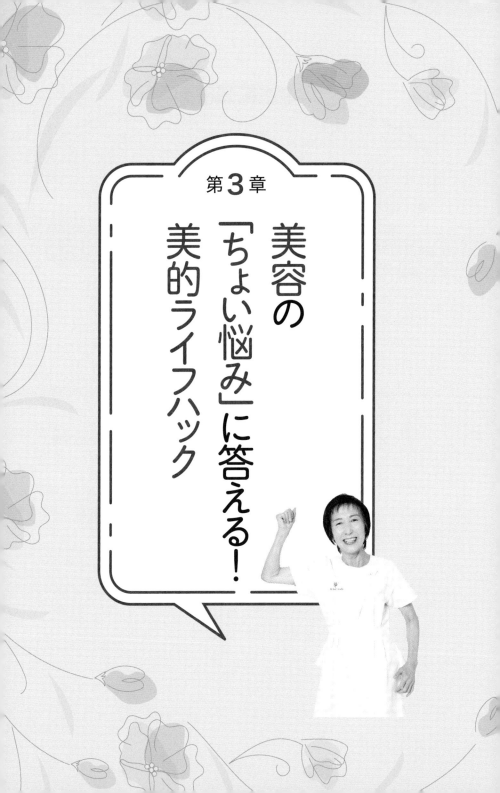

第3章

美容の
「ちょい悩み」に答える！
美的ライフハック

美肌

●「美しい肌」ってどんな肌？●

　美容のプロとして美しい肌について語る前に、まずお伝えしたいことがあります。

　それは、「自分の顔を鏡で見るときは40㎝離れてみてください」ということです。

　たいていの人は、鏡から10㎝くらいの距離で自分の顔を見ているのではないでしょうか。そうすると、「毛穴が……」「しわが……」というように、どうしても粗が見えてしまうのです。そして、そこにとらわれ過ぎると、だんだん苦しくなってしまいます。

　ですから、小さなことにこだわり過ぎず、まずは鏡から40㎝離したときの顔全体の印象、「透明感」「うるおい」「ハリ」を見てほしいのです。もちろん、毛穴の黒ずみやニキビなどを解消していくのも、美肌には大切なことですが、透明感やうるおい、ハリがあれば、まずきれいに見えるものです。

　このとききれいに見えるのは、お肌の内面の基底層がしっかりしているということです。皮膚は真皮、基底層、表皮が積み重なってできているのですが、基底膜は表皮を支えたり、表皮と真皮をつなげたりすることで、お肌の働きをサポートするという重要な役割を担っています。

　だからといって、ニキビや毛穴、しみ、しわなどはどうでもいいということではありませんよ。もちろん、これらのケアも必要ですが、

それ以前に顔全体を見たときの肌感が大切ということをお伝えしたいのです。小さな粗にとらわれる前に、全体的に見てどんな感じなのか。これこそが、私が考える美肌の定義だからです。

　鏡から40cm離れて自分を見るということは、実際には80cm離れたところから見ていることになります。

　人間にとって他者との快適な距離は1m前後といわれています。10cmの至近距離で接するというのは、恋人や小さな子どもと接する以外、ほとんどないことでしょう。

　ですから、まずは鏡から40cmの距離で自分の肌をみて、「透明感」「うるおい」「ハリ」があり、きれいだなと思えればOKです。これらこそがゆるぎない美肌の三要素なので、まずは顔全体をチェックしてみてください。

● 透明感 ●

色むらがなく健康的な肌

　お肌に色むらがなく、透明感があること。肌の色が白くても、茶色くても、黒くても、ここはすべて共通することです。最近よく言われる「陶器肌」などは、色むらのない美しい白さを持つ肌のことです。

　肌の調子が悪いと、色むらが出て、肌がくすんだように見えてしまいます。とはいえ、血の気のない真っ白なお肌も、病的で美しくありません。頬に少し赤みがさしているような健康的な白さや透明感のあるお肌を目指しましょう。

● うるおい ●

内側も外側もふっくら赤ちゃん肌

　うるおいがある肌というのは、肌の表面も内側も十分な油分と水分でうるおい、ふっくらした感じがある肌をさします。

　そのお手本となるのが、赤ちゃんのお肌です。見ているだけでもわかるように、外側だけでなく、内側にも水分と油分があり、ふわっとした膨らみ感がありますよね。まずはお肌の表面にも内側にも、十分なうるおいを保持できる肌にしていきましょう。

● ハリ ●

内側からプルッと弾むような肌

　年齢を重ねたことによるしわなどがあったとしても、ハリのあるお肌をしている方はたくさんいます。そういう方々の肌の特徴としては、プルッと弾むような弾力感があり、触れると吸いつくようななめらかさがあります。

　内側から押し出してくるような感覚もありますが、これは脂肪がついているということではなく、肌自体が弾むような感覚です。押したら跳ね返してくるような、弾力感のある肌を目指しましょう。

美肌をつくる基本の「き」

〈洗顔〉

肌をやさしく扱う

洗顔は石けんの泡をたっぷり立てます。手と肌の間にある泡を動かすことで、毛穴の中の汚れを取るイメージで行います。肌を1枚のキッチンラップだと思って洗顔しましょう。このラップがずれないように、優しく行うことが大切です。

また、目のまわりと頬は、顔の中でも特に皮膚が薄いので、乾燥肌の方は泡をのせておくだけでも OK です。逆に小鼻は脂が出やすいので、小さな円を丁寧に描き、汚れを落とします。

〈保湿〉

肌の内側へまっすぐ水分を入れ込むように

保湿を行う際は、手のひら全体で顔を包み込む「手のひらパック」がおすすめです。手の温度を活用しながら、頬やおでこを優しく包み込み、水分を浸透させます。

このとき、つい皮膚を引き上げたくなると思いますが、たるみの原因になるので NG です。肌の中側に向かって、まっすぐにうるおいを浸透させるイメージで行います。

週に一度のスペシャルケア
ヨーグルトパック

　ニキビや肌荒れなど肌トラブルがあるときの心強い味方です。トラブルがある場合は毎日行っても OK です。ヨーグルトパックは冷蔵庫保存して 3 日を目安に使いきってください。

①ヨーグルトを 1 分間レンジでチン

ヨーグルト 50g を 500W の電子レンジで 1 分加熱。または、鍋に入れて火にかける場合は、プツプツと泡が立つくらいまで熱します。しっかり熱を加えることで、乳酸菌を死滅させます。乳酸菌が死滅した（死菌）のほうが、どのような肌の人にも効果的です。

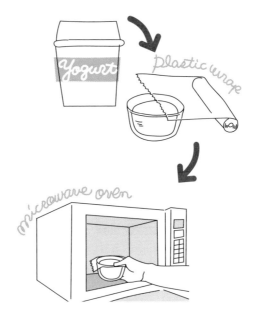

②冷めたら顔全体に塗布

全体に白くなるように塗ったら、5〜15分ほど放置します。キッチンラップなどで蒸発を防ぐと、より浸透しやすくなります。保湿して肌がふっくらすると透明感が出て美白肌になります。

このとき、自分の肌に存在する常在菌が、死滅した乳酸菌をエサにして、善玉菌に変わって増えるのを助けます。そのため、ニキビなど肌のトラブルを抑えることができます。

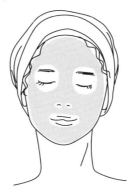

③ぬるま湯で洗い流す

ぬるま湯などで十分に洗い流し、化粧水で肌を整えたあと、クリームなどで保湿します。

1か月後に肌がつるピカ!
フェイシャルマッサージ

マッサージで肌に優しく刺激を与えることで新陳代謝を促し、透明感、うるおい、ツヤを兼ね備えた美肌に育てます。洗顔後のお手入れでオイルやクリームなどを塗り、肌の滑りをよくしてから行います。

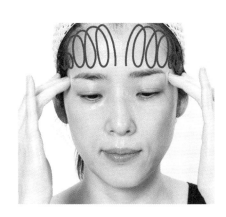

額のマッサージ

額の中央から左右に上下の螺旋を描きながらこめかみまでマッサージします。

目の周りのマッサージ

眉の上から眼輪筋に沿うように、目の周りをマッサージします。皮膚がとても薄い部位なので、皮膚の上をオイルで滑らせるよう、優しく行います。

小鼻のマッサージ

小鼻に小さな円を描くようにクルクルとマッサージします。

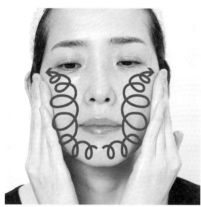

あごから頬へのマッサージ

あご先から頬に向けて上下の螺旋を描くようにマッサージします。

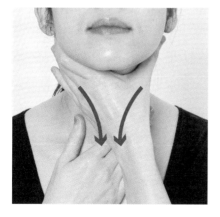

首のマッサージ

手のひらを下向きに、交互に滑らせながら首をマッサージします。

● 結果を出すニキビ対策 ●

あなたのニキビはどの段階？

　ニキビ対策は早めが肝心です。基本的に、黄・赤ニキビにならなければ、ニキビ痕は残りません。けれど、黄・赤ニキビの膿が溜まった状態が長引くと、基底層を越えたところまで炎症が広がり、痕が残りやすくなります。そうなってしまう前に、症状をよくしていくことが大切です。

白ニキビ

　ニキビの初期状態。皮脂が毛穴に詰まった状態で、ぷくっとしています。この時点で治していけば、肌への悪影響も少なくすみます。

黒ニキビ

　ニキビの中期状態。白ニキビが治りきらずに長引いてしまうと、毛穴に詰まった皮脂の上部が酸化し、黒ずんで見えるようになってしまいます。

黄・赤ニキビ

　ニキビの末期状態。毛穴の中に皮脂が溜まり、そこでアクネ菌が繁殖して膿を持ってしまった状態です。膿が出るようであれば、早めに排泄することが肝心です。

膿んだニキビの正しい潰し方

皮膚を柔らかくして押し出す

ニキビを潰す場合は、先に洗顔をして皮膚を柔軟にしてから、指の腹で軽く押して膿を出します。痕が残ってしまうので、爪で無理矢理潰してはいけません。

もし、膿が出ないようなら、無理やり出さず、少し様子をみます。毛穴を開通させるために、軽くマッサージをしたり、ピーリングをしたりしてもよいでしょう。膿が出たら、ぬるま湯で洗い流し、しっかり保湿しましょう。このときに、P86で紹介したヨーグルトパックをするのもおすすめです。

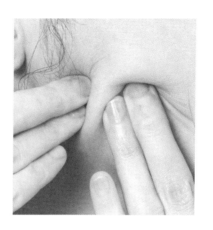

プロ直伝のニキビ痕ケア

　ニキビ痕ができてしまった後でも、お手入れ次第で薄くすることができます。

　ニキビ痕がたんなる赤味や皮膚の硬さとして出ているなら、その部分を中心に、小さな円を描くように丁寧に優しくマッサージします。これを続けるうちに、ニキビ痕は薄くなっていきます。

　ただし、クレーターのよう凹凸のある状態になってしまうと、セルフケアで治すのは難しくなります。そういう場合は、皮膚科やエステティックサロンなど、専門スタッフにご相談ください。

● 乾燥肌ケアはこれで決まり！ ●

皮膚をこすらないよう優しく扱う

　乾燥肌の場合は、洗浄力の強い洗顔剤は使わないことが大切です。洗顔後、突っ張るような感じのものは、乾燥肌には合っていないということです。乾燥肌用、敏感肌用のものの中から、ご自身の肌に合ったものを選んでください。

　乾燥肌の場合、朝はぬるま湯で洗顔するだけでも十分です。

　そして、肌をこすらないということも大切です。タオルで拭くときに、ついゴシゴシこすってしまいがちですが、水分を取るくらいの感覚でそっと押さえる程度でOKです。

　その後、できるだけ早く化粧水や保湿剤を塗り、最後はクリームで皮膜をつくって蓋をしてください。この一連の流れが非常に大事なので、ぜひ守ってくださいね。

● 効果のある脂性肌、Tゾーンケア ●

脂性肌&テカリケア

　脂性肌の場合、脂を取りたいがために洗浄力の強い洗顔料を使いがちですが、そうすると逆効果なのをご存じですか？　人間の皮膚は過剰に皮脂が取られると、保護機能が働いて、さらに多くの皮脂を出そうとしてしまうからです。

　洗顔後に肌がキシキシする感じの場合、まずは洗顔剤から変えていきましょう。たとえば、低刺激、乾燥肌用、敏感肌用などの説明があるものを中心に選び、自分の肌に合うものを選んでください。

　また、すぐにテカリが出る場合は、水分が足りず皮脂が過剰に出てしまっていることがあります。そういう場合は、保湿をしっかり行い、最後は薄くクリームなどを伸ばして、しっかり蓋をしましょう。

Tゾーン

　Tゾーンのケアでも、強い洗顔力のある洗顔はNGです。低刺激の洗顔料で、丁寧に洗ってください。乾燥肌の人の場合は、Tゾーンに泡を置いて流すだけでもOKです。

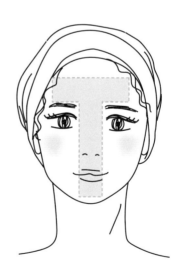

● どうにかしたい！　しみ、そばかす、肝斑 ●

　しみ、そばかす、肝斑、この３つの症状に共通するのがメラニン色素です。けれども、なぜそうなってしまうかという原因はそれぞれ異なります。１つずつ説明していきましょう。

しみ

　しみとは、皮膚内でつくられるメラニンという色素が沈着したものです。主に紫外線が原因とされ、顔以外にも手、背、前腕など、露出する部位に多く見られます。とくに中年以降に増える傾向があります。

そばかす

　直径数mm以下の丸い茶褐色の小さな斑点で、頬や鼻のまわりなどに多く出ます。遺伝性が強く、思春期にとくに目立つようになります。

肝斑

　薄い褐色でやや大きく、頬骨に沿って左右対称にできるのが特徴です。紫外線の影響があるものの、女性ホルモンが関連して発症するといわれます。レーザー治療をすると悪化するといわれています。

薄くするにはどうしたらいい？

　顔色が全体的に明るくなると、しみ、そばかす、肝斑も薄くなります。顔全体をトーンアップさせるためには、洗顔と保湿をしっかり行ったうえで、86 ページのヨーグルトパックや 88 ページのフェイシャルマッサージなどがおすすめです。

● 頬のしわ、ちりめんじわを劇的に薄く！ ●

　同じしわケアでも、頬のしわは、筋肉の動きも関係しているので、皮膚が3㎜沈むくらいにしっかりめの圧を加えてOKです。

　逆にちりめんじわのような細かいしわの場合は、皮膚が沈むのは1㎜程度の軽めの圧でケアします。ちりめんじわの場合は、水分や油分を十分に与えることも大切です。

①化粧水やクリームなどでお手入れをしたあと、手のひら全体で包み込みます。3㎜の深さまで届くくらいの強さで、30秒ほどそのままで、手の熱を利用して保湿成分を皮膚に入れ込みます。

②目元は手のひらを縦にして、30秒ほど目元全体を覆いながら、1㎜程度の圧で保湿成分を入れ込みます。

● 今度こそ毛穴レス肌（たるみ、黒ずみ解消）●

　毛穴のケアで一番避けたいのが、洗浄力の強い洗顔剤などを使って汚れを取ろうとすることです。そうすると、肌は皮脂が取られてしまうのを防ごうとして、余計に毛穴を閉じ、中の汚れが取りづらくなります。また、肌が硬くなってごわごわしてくるため、毛穴のたるみも引き締められなくなってしまいます。

　洗顔後、肌が突っ張るような洗顔料を使っている方は、低刺激なものに変えてください。そのうえで、以下のようなセルフケアをすると、毛穴のたるみや黒ずみがおさまっていきます。

毛穴のたるみを引き締める

毛穴のたるみは、鼻の横の頬のあたりが一番目立ちます。ここに保湿クリームなどを置いて1mmくらいの大きさの円を指の腹で描くようにしてマッサージし、毛穴に潤いと弾力を持たせることでたるみを引き締めます。

毛穴の黒ずみを除去！

毛穴の黒ずみは、小鼻や鼻の頭などが目立ちます。これは皮脂が酸化して黒ずんだためにできる汚れなので、オイルを使ってマッサージします。直径1mmくらいの円を描くように細かい動きでマッサージし、皮脂汚れと一緒に黒ずみも除去します。

● 肌の赤みを抑える（炎症、毛細血管）●

　肌の赤みは、炎症を起こしてそうなっている場合と、毛細血管が浮き上がっているためにそう見える場合とあります。

　前者の場合、とくに頬で炎症が起こりやすいのですが、できるだけ赤みがある部分には触れないようにします。顔にすり傷があったら、なるべくそこに触れないようにケアするでしょう。

　炎症というのは、すり傷があるのと同じような状態ですから、洗顔料などは使わずに、お湯で軽く洗い流すくらいでOKです。タオルでこすったり、アルコールが入っているような化粧水を使ったりしないでください。

　また、後者の場合は毛細血管のまわりの端末にアプローチして赤みを消します。つまり血管が浮き出て赤くなっている場所ではなく、その周囲を丁寧にマッサージして血行を促します。この原因は毛細血管のうっ血なので、まわりの毛細血管を丁寧にマッサージし、血流の流れがよくなれば、赤みは軽減します。

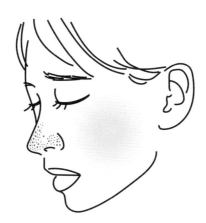

顔

● 90秒で顔のむくみを取りトーンアップ！ ●

　最近の傾向として、表情豊かにおしゃべりしたり、かたいものをよく噛んで食べたりするなど、顔をよく動かす機会が少なくなっているように感じます。その逆に、スマートフォンやパソコンをじっと見ている時間が増えたことで、体同様、顔も緊張状態のまま静止させている時間が増えているようです。

　体を動かさないでいると、足がむくんだりするように、顔にもむくみが生じます。すると血流が悪くなるため、顔色もくすんだようになってしまいます。

　そこでおすすめなのが、「温冷洗顔」です。冷たい水と少し熱めのお湯を用意し、交互に、3、4回、バシャバシャと顔を洗います。その後、76ページでご紹介している「首美点」を行います。朝、時間がないときでも、この2つを組み合わせて行えば、90秒ですっきりした顔になります。

● 顔のブツブツを退治する（稗粒腫と汗管腫）●

　ニキビのほかにも、顔のブツブツは気になりますね。ここでは、多くの人がお悩みの稗粒腫と汗管腫のケアについてご紹介します。

　稗粒腫というのは、目元や鼻先などに生じる1〜2mmの白いブツブツを指します。一見、白ニキビのようにも見えますが、良性の腫瘍なので放置しても支障ありません。

　体のどこにでもできますが、主に目のまわり、鼻先などにできやすいのが特徴です。これは角質がかたくなってできたものなので、オイルやクリームなどを塗ったあと、小さな円を描く粒腫のまわりのマッサージを続けることで、症状を緩和できます。

　一方の汗管腫は、目の近くにできやすいブツブツで、眉間や眉の上あたりにできやすいようです。これは汗を分泌する汗腺の出口が塞がり、行き場を失った汗で汗腺が膨張してしまうことで、ブツブツしたように見えてしまうのです。

　また、寒い時期は治まるけれど、汗をかく時期になると出てくる、もしくは症状が悪化するというのも特徴の1つです。ブツブツがある周囲をマッサージして、汗腺の詰まりを取ってあげることが大切です。

● 眼精疲労を楽にする ●

　パソコンやスマートフォンの見過ぎなどで、現代人の目は慢性的に疲れています。たまには公園など緑豊かな場所に出て、深呼吸しながら遠くの景色をぼんやり眺めたりしてもらいたいのですが、忙しい毎日の中ではなかなか難しいものですよね。そこでおすすめしたいのが「目頭美点」と「目の上美点」です。目がしょぼしょぼしたり、重い感じがしたりしたときに、ぜひ試してみてください。

「目頭美点」で目の疲れを解消

両手を組むようにして、左右の人差し指で目頭を中側に向かって押します。痛気持ちいい程度の強さで行います。

「目の上美点」で健やかな瞳に

アイホールのきわにあたる眉の下に人差し指、中指、薬指の３指を置き、アイホールの骨に向かって押します。こちらも痛気持ちいい程度の強さで行ってください。

＼ Point! ／

プロが行っている温冷湿布

これはサロンでも眼精疲労のお客様に行っている手法の１つです。
氷水を入れたボウルと、少し熱めのお湯を入れたボウルを用意し、タオルをそれぞれに入れ、軽く絞って交互に目に当てます。これを行うと、効果てきめん。疲れが取れて目力が戻り、若々しい目元に！

● ぷるんとした唇になりたい！●
（唇の乾燥、ひび割れケア）

　顔の中でも唇という部位は、皮膚と粘膜の中間のようなもの。ほとんど油分が出ず、普通の皮膚のような丈夫さも持ち合わせていません。

　乾燥した唇を湿らせたくて、つい唇をなめてしまう人もいると思いますが、そうすると水分が蒸発して乾燥がよけいにひどくなってしまいます。唇をなめる癖がある人は、やめるようにしましょう。

　そのうえで、写真のようにリップクリームなどをつけて、保湿＆保護してあげることも大切です。

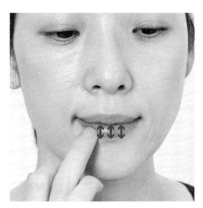

リップクリームは縦方向に塗る

リップクリームを塗るときは、唇のしわに沿って縦向きで塗ります。横方向に塗ってしまう人が多いのですが、縦向きで塗ると保湿力や効果の持ちがまったく違います。

上下に螺旋を描いてなじませる

１本もしくは３本の指で、上下に螺旋を描きながら、唇に塗ったリップクリームを軽くなじませます。このとき、キッチンラップでパックしながら行うと、より効果的です。

● 老け見え確実の二重あごを解消 ●

　お肉のたるみやむくみが長い間動かされずそのままになっていると、脂肪に変わってしまいます。とくにあご下はあまり動かさない部位。二重あごになりやすいので、意識しましょう。よけいなお肉ができてしまった場合は、以下の方法で解消します。

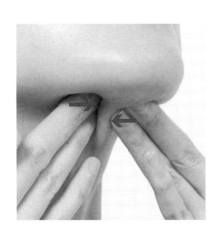

あご下肉をつまんでねじる！

左右の人差し指、中指、薬指の3指を使いながら、あご下の肉をしっかりつまんで、ねじります。これを毎日繰り返し行えば、4日後くらいから効果を実感できます。

\ NG! /

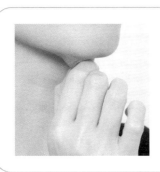

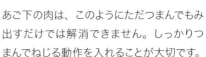

ただつまむだけでは効果なし！

あご下の肉は、このようにただつまんでもみ出すだけでは解消できません。しっかりつまんでねじる動作を入れることが大切です。

● 顎関節の不調やエラ張りを改善！ ●

　顎関節の動きが悪かったり、動かすときに痛みが出たりすると、気分が晴れませんよね。また、エラ張りは骨格なので仕方がないとしても、その上にお肉がついて目立ってしまうこともあります。ここでは顎関節ケアとエラ張り解消の方法をお伝えします。

中指で顎関節をほぐす

頬骨の下のくぼみをたどり、耳の手前にある顎関節の位置に中指を置きます。直径5㎜くらいの小さな円を中に向かって描くようにマッサージします。痛気持ちいいくらいの強さで行います。

エラの上のお肉を解消

人差し指、中指、薬指の3指でエラの上のお肉をつまみ、縦方向にねじります。これを繰り返すことで、エラ張りを解消。こちらも痛気持ちいいくらいの強さで行ってください。

首〜デコルテ

● 首のしわを確実に薄くする！●

首＆デコルテは、とくに年齢が現れやすいところです。日頃のお手入れで美しい首＆デコルテを手に入れれば、女性ならではの魅力が倍増します。

首のしわに指を添わせて細かく上下運動

顔のお手入れのついでに、首にも保湿剤やクリームを塗布した後、首のしわに沿わせて指を置きます。その指を細かく上下に動かしてしわのこりをほぐすと同時に、成分を浸透させ、首のしわを解消します。

● 首のゆがみ＆顔のゆがみを整える ●

　首がゆがむと、あごの位置が中心線からずれてしまいます。また、噛み癖などで顔がゆがむと、左右差が現れてしまいます。こうしたゆがみをそのままにしておくと、片頭痛などの原因にもなりかねません。ある程度はセルフケアで解消できるので、ぜひ毎日のケアに取り入れてみてください。

首のゆがみは後ろをほぐす

首の骨の出っ張り（棘突起）の横の筋肉をしっかりとほぐします。頭のつけ根あたりから始めて、3カ所くらいにわけて下に下がりながらほぐします。頭を後ろに傾けると、やりやすくなります。ここがほぐれることで、ずれたままで固定されていた首のゆがみを緩和させることができます。

「あご美点」でゆがみ解消　その1

左右差のゆがみの原因は、頬杖をつく、横を向いて寝るなど、さまざまに原因がありますが、一番の原因は噛み癖です。この場合、「あご美点」を用いてケアします。あご先から、人差し指、中指、薬指の3指と親指であごの骨をしっかり挟み、圧を加えます。

「あご美点」でゆがみ解消　その2

何回かに分けてあごの骨をしっかり挟みながら、そのままエラのほうへ移動。最後は人差し指と中指を使って、しっかりとエラの部分を挟んで圧を加えます。

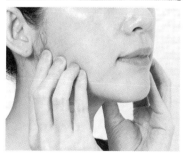

手・腕

● 二の腕をほっそり見せたい！ ●

　二の腕は、多くの方々が悩まれるところです。サロンのお客様からも「二の腕のふりそで（たるみ）をどうにかしたい」「二の腕の上部にこんもりついたお肉をどうにかしたい」といった声を聞きます。たしかに、二の腕の下の部分は筋肉を使わないのでたるみやすく、上の部分は脂肪がつきやすい部位でもあります。

　ただ、二の腕というのは日々の生活の中でもあまり動かさない場所なので、そうなってしまうのもいたし方ありません。

　けれども、毎日適度な刺激を与えて、脂肪やたるみを流していけば、ほっそりとした状態に戻すことができます。だまされたと思って毎日続けてみてください。アッと驚く結果が待っているはずです。

熊手のようにして
上の脂肪をかき上げる

右腕のひじ上から腕のつけ根に向かっ
て、熊手のようにした左手で、脂肪を
しっかりとかき上げます。

下のたるみは脇に向けて
流し込む

右腕のひじ下のたるみを左手で捉え、
脇に向かって流し込みます。これを心
地よい程度に繰り返します。

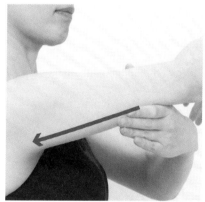

腕のつけ根の脂肪もかき上げる

腕のつけ根の脂肪もしっかりと手を回
して、かき上げます。この一連の動き
を終えたら、逆側の腕も同様に行いま
す。

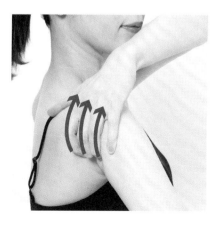

● 手のしみ＆手荒れを改善！ ●

　手というのは意外と年齢が出やすく、人の目につきやすいものです。手のしみの原因は乾燥や紫外線のほか、調理中に油が飛んだりした軽いやけどがしみで残ることもあります。手のしみも手荒れも、こまめに化粧水＋クリームでケアし、しっかり保湿してください。

　とくに手荒れがひどい方は、すべての水仕事が終わったら、すぐに化粧水＋クリームで保湿するよう心がけましょう。

指の腹で円を描くように
マッサージ

化粧水を塗布しクリームを塗ってから、指の腹で小さく円を描くようにマッサージします。顔のお手入れのついでに、手に化粧水やクリームを塗りこんでも OK です。

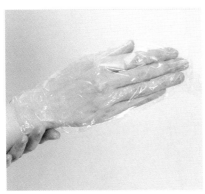

ラップパックで保湿効果を高める

時間があるときは、マッサージをした後、しばらくキッチンラップでパックするのもおすすめです。保湿成分が浸透し、しっとりと透明感のある仕上がりに。

● 指のむくみを解消 ●

　手の指は末端ということもあり、動かしていないとむくみがちです。指輪がきつく感じたり、なんとなく指の動きが悪いと思ったりしたときは、指のむくみ解消マッサージが効果的です。ストレッチをかけたりしながら動かすことで血流を促し、むくみのないすらりとした指先を生み出します。

指の根元をしっかり合わせる

両手の指を交互に絡ませ、指の根元同士をグッと押し付けて圧を加えます。

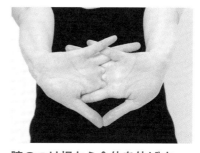

腕のつけ根から全体を伸ばす

左右の指を絡ませたまま手首を返し、手のひらを外側に向け、腕のつけ根から全体を伸ばします。

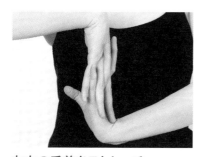

左右の手首をストレッチ

指は絡ませたまま、左右の手首にストレッチを加えます。

「手結び」で指先を集中ケア

指先同士を包み込むようにして、手を結びます。親指も中に入れ込んでください。ハンドクリームなどを塗ってから行うと、指先の荒れに効果的です。

お腹・背中

● 背中の肉を取る ●

　普段の生活の中で意識しないと、背中というのはあまり動かさないのではないかと思います。さらに、パソコンやスマートフォンを見ていると、つい猫背になってしまいます。すると、どんどん背中の筋肉が使われなくなり、脂肪がついてしまうのです。

　まずは猫背にならないようにすることが大切です。肩を上げて、そのまま肩甲骨を合わせるように後ろに持っていき、そのままストンと力を抜いて肩を落とします。

　この姿勢だと、自然と背中の筋肉を使っているので、お肉がつきづらくなり、背筋が伸びているので立ち居振る舞いも美しく見えます。さらに、次のようなセルフケアを取り入れて、すっきりした背中を目指しましょう。

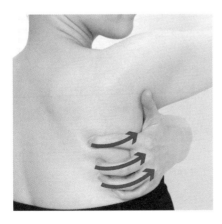

背中のお肉を熊手でかき寄せる

熊手の形にした手をできるだけ背中の後ろのほう、背骨に近いところに持っていきます。そこからお肉をぐっとかき寄せるようにしながら、わきの下までもっていきます。この動きを繰り返していると血流がよくなり、背中全体がポカポカしてくるのがわかります。

● 腰の「ハミ肉」を取る ●

　背中以上に動かさないのが、腰の脇です。ローライズのパンツをはいたとき、ぷよんとできる腰のハミ肉はここにつきやすく、一度つくとなかなか落ちないというやっかいなお肉です。

　それでも、毎日このハミ肉に刺激を与えて流していると、だんだんとその量は減っていきます。油断しているとすぐについてしまうお肉なので、毎日コツコツ続けましょう。

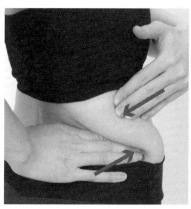

とらえたハミ肉を縦にねじる

人差し指、中指、薬指の３指を使って腰のハミ肉をとらえ、縦方向にしっかりねじります。痛気持ちいい程度の強さで行いましょう。これを繰り返し行うことで、ハミ肉の厚さを軽減できます。

後ろから前にお肉を移動！

ねじってほぐした腰のハミ肉を、今度は親指を使い、前に向かってしっかり流します。お肉をとらえてねじる動きと、この流す動きをセットで行うと、より効果が高まります。

● ウエストのくびれをつくる ●

　誰もが憧れるウエストのくびれ。ハードな運動をしなくても、セルフケアでつくることができます。

　立ったままの状態でねじる場合、ふにゃ～っとした動きで適当にやっても効果はありません。できるだけ深くウエストをひねるようにして、しっかりとねじります。

　床などに座って行う場合は、ヨガのねじりのポーズなどを取り入れてもよいでしょう。このときも、ゆっくりと呼吸しながら、なるべく深くウエストをねじるようにしてください。

　ウエストをねじる動作を終えたら、111ページの腰のハミ肉を前に流す動きを参考に、親指を使ってウエストの肉を前に流すようにしましょう。

　この一連の動作を続けることで、ウエストラインに変化が現れます。変化を楽しみにしながら、続けていきましょう。

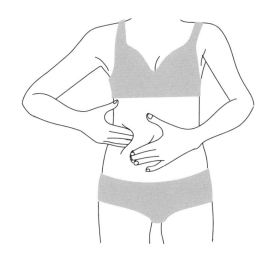

● 肩甲骨を美しく見せる ●

　姿勢が悪かったり、背中に肉がついていたりすると、肩甲骨が埋まって美しく見えません。肩甲骨がくっきりと出た美しい背中をつくるためには、次のようなセルフケアがおすすめです。

　行うときのポイントは、「ゆっくり」「思いきり」行うこと。肩甲骨まわりにも働きかけるので、肩こりの解消にも効果的です。

①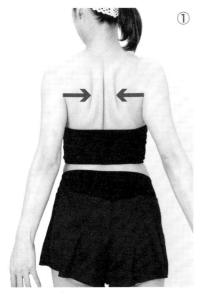

②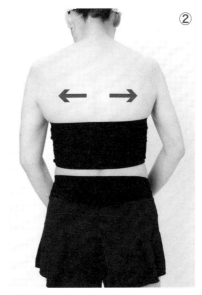

肩甲骨を思いきり寄せる
肩を上げて、肩甲骨を思いきり寄せます。ゆっくりした動作で行うと、より効果的です。

肩甲骨を思いきり離す
今度は肩を内側に入れ、肩甲骨を引き離すように背中を丸めます。この連続の動きを1セットでもOKですが、できれば10セットくらい繰り返すのがおすすめです。

● 急なダイエットのお腹のたるみケア ●

　ある程度若いときは、急なダイエットをしても皮膚細胞は、その動きについてきてくれます。ところが20代も半ばを過ぎると、だんだんとついてこられなくなり、急激なダイエットをするとお肉がたるんでしまいます。

　ですから、まずは急激なダイエットをしないことが大切です。そのための一番の予防は、太り過ぎないこと。太ったとしても +2kgを超えないようにしてください。2kg増から体重を落とすのは比較的簡単にできますが、それ以上になると急に落ちなくなるからです。

　もし、急激なダイエットでお腹にたるみができてしまったら、絶対にこすったり、引っぱったりしないでください。皮膚が余計に伸びてしまいます。

　また、洗浄力の高いボディソープなどの使用をやめましょう。余計に皮膚を乾燥させて、弾力を失わせてしまうからです。お腹まわりは皮脂分泌が少ないので、シャワーで流すだけで汚れは十分取れます。

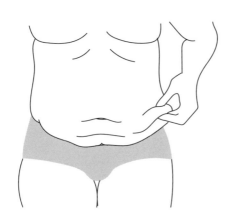

　さらにその後、たるみのある部分に化粧水を塗り、オイルやクリームなど皮脂膜の代わりになるものを塗布しておきましょう。丁寧に日々のケアを続けることで、たるみを解消することができます。

● 便秘解消セルフケア ●

　便秘解消におすすめなのが、「腸美点」です。便を排泄するために
ぜん動運動をする大腸は、上行結腸、横行結腸、下行結腸、S字結腸
に別れています。

　腸の動きが悪いと、下行結腸からS字結腸につながる部位で便が
固まってしまいがち。ちょうどどこのあたりで大腸が蛇行するからです。
サロンのお客様を見ていても、便秘気味の方は、とくに左の骨盤脇あ
たりがかたくなっています。

　もちろん、すべての腸美点を圧することで、腸のぜん動運動を促し、
便秘を解消できますが、とくに左の骨盤脇を重点的にしっかり行って
ください。

　また、腸脳相関といって、腸と脳は互いに影響を与え合っています。
中でも自律神経と便秘は関係が深く、緊張したり、旅行に行ったりな
ど、いつもと違う日常になっただけでも便秘になりがちです。

　以下に紹介する「腸美点」を行うのと同時に、ゆっくり湯船に浸か
ったり、深呼吸したりするなど、自律神経を整える時間も日々の中に
組み込んでもらえたらと思います。

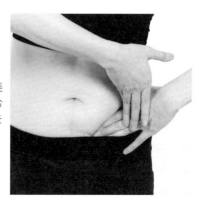

骨盤左の腸美点を念入りに

左手の人差し指、中指、薬指の3指を腸美
点の場所に置き、グーッと中側に差し込む
ようにして刺激を与えます。右手で左手を
サポートすると、しっかり力が入ります。

ヒップ〜足

● ヒップから足にかけてのラインを美しく ●

　ヒップのラインが美しいと、それに続く足のラインも美しく見えます。普段は自分のお尻にそこまで意識が向きませんよね。でも、毎日のデスクワークなどで座っていると、つねにお尻と足の境い目は全体重によって圧迫されています。

　それをそのままにしていると、境い目がなくなり、お尻がたるんでしまうことになります。美しいヒップラインを手に入れるセルフケアで後ろ姿もすっきり見せることができます。

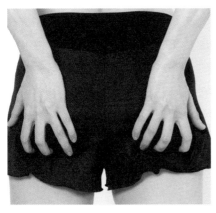

お尻のたるみを引き上げる

両手を熊手のような形にして、お尻と足の境い目にあるたるみを掴み、それを中側にぐっと入れ込みます。お尻のたるみを感じるところを数カ所ずつ、行ってください。なお、皮膚を引っ張って引き上げるのは NG です。あくまでも、中側に入れ込むことを意識してください。

● O脚をスラリとした足に ●

　O脚を改善するには、膝の内側がつくように意識するのも大事です。同時に外側に湾曲している骨を内側に押すことで、徐々に足の湾曲を目立たなくさせます。

　毎日湯船に浸かりながら、もしくは湯上がりで体が柔らかいときに、外側から内側に向かって力を入れて、膝と膝がくっつくようにします。可能であれば、ふくらはぎもくっつけるような意識で行うと、より効果的です。

　また、年齢が上がるにつれて、太ももの内側の筋肉は衰えていきます。これもまたO脚の原因になります。予防するには、スクワットなどをして、太ももの内側の筋肉を維持することも大切です。

　　スクワットを行う際は、太ももの内側に意識を向けて、できるだけゆっくりと腰を落とし、元の位置に戻りましょう。意識を太ももの内側に向けて、ゆっくり行うことがポイントです。

　このセルフケアを続けていくと、内ももの筋肉が維持できるうえに、ヒップアップや膝痛予防にも役立ちます。

● 骨盤底筋を鍛える ●

　骨盤底筋を鍛えることは、お腹まわりを引き締めるほか、尿もれの予防・改善にも有効です。さらに、自律神経を整え、血液やリンパの流れを促すことで、不眠・冷え・肩こり・腰痛などの改善にも役立つなど、さまざまなメリットがあります。

　まずは椅子に座った状態でできる、簡単な方法を2つご紹介します。1つは、膣と肛門を同時にきゅっと締めて10秒間キープ。これを10回行います。もう1つは、膣と肛門の締めつけと弛緩を繰り返すことを、小刻みに繰り返します。

　時間があるときには、次のやり方にも取り組んでみましょう。仰向けになって両ひざを立て、膝と膝の間にタオルケットやバスタオル3枚くらいを挟みます。そのまま腰だけをぐーっと上げて10秒間キープ。骨盤底筋を鍛えるのと同時に、ヒップアップ効果も期待できます。

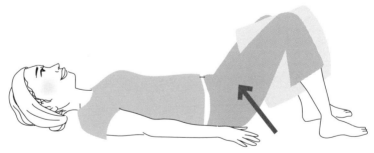

このままお尻を上げる

● 足の乾燥、毛穴のブツブツを解消 ●

　足のすねの部分は、人の体の中でももっとも乾燥しやすい部位です。すねというのは、お顔の皮脂分泌の50分の1程度。つまり、ほとんど皮脂がないということです。そのため、ケアを怠ると乾燥したり、乾燥によるかゆみで掻いてしまって皮膚がブツブツしてきたりすることもあります。

　こうした足のブツブツをケアする場合、まず体を洗うときにボディソープやせっけんを使うのをやめましょう。シャワーやぬるま湯で洗い流すだけで十分です。

　そして、湯上がりでまだ体にしっとりと水分がある間に、オイルや保湿クリームを塗り、皮脂膜代わりとなる膜を1枚つくってあげることも大切です。もし、それらを塗っても改善しない場合は、化粧水を塗ってからオイルや保湿クリームを塗ってください。

　化粧水はドラッグストアなどで発売されている大容量かつお手頃価格の化粧水でもOKですが、お顔の手入れのあと、手に少し残っている化粧水などを塗っても大丈夫です。こまめにお手入れをして、つるつるでなめらかな足を手に入れましょう。

● ひざ、かかとをツルツルに ●

　ひざやひじなどがガサガサしたり、黒ずんだりしている場合、ほとんどが物理的な刺激が原因です。人間の肌というのは、物理的に触れる頻度が高い部位は、皮膚が少し厚くなってくるからです。

　その場合は、ひじやひざに薄いサポーターをつけてカバーするのが一番です。サポーターがない場合は、レギンスをはいたり、アームカバーをしたりしてもよいでしょう。

　直接ひざやひじに何かが触れないよう、何かしらのクッションが1つあると安心です。

　一方、かかとのガサガサやひび割れは、乾燥よりも冷えが大きく影響しています。実は手のひらと足の裏からはほとんど皮脂が出ないのですが、汗は頻繁にかきます。汗が蒸発するときに熱が奪われ、乾燥も冷えもひどくなるのです。

　そのため、かかとケアをする場合は、保湿と保温をセットで行うことが大切です。日頃から温かい靴下を履いて、足裏が汗をかいたらすぐに変えるのが理想です。ストッキングをはく場合は、フットカバーでつま先やかかとを覆い、汗をかいたら履き替えるようにしてみてください。

　また、かかとにヤスリをかける方がいますが、これもやり過ぎは禁物です。もしやすりをかけるなら、軽くかけたあと、すぐに保湿して温かく保ちましょう。ぜひ、かかとケアには保湿と保温の両方を取り入れてくださいね。

● 足のニオイ解消 ●

　足のニオイの一番の原因は、靴の中で足指の間や足の裏などが汗で蒸れることです。けれど、汗自体にニオイはありません。問題は、その汗の成分が足指や足裏にいる常在菌と反応して、ニオイが出る物質をつくってしまうことにあります。

　ですから、足のニオイを防ぐには、靴下やフットカバーをこまめに履き替えたり、同じ靴をずっと履き続けたりしないことが大切です。たとえば、会社に着くまではスニーカーで、会社内では革靴に履き替えるなどとしてもよいでしょう。

　足を洗うときは、指の間まできちんと洗い、その日の汗や常在菌を洗い流して清潔にしておきます。とはいえ、洗浄力の強いボディソープや石けんなどを使う必要はありません。

　こうしたものを使い続けると、皮膚が固くなり、ニオイの元となる菌が残りやすくなってしまいます。指の間、足裏などはしっかり洗い流すだけにして OK なので、清潔に保つことを心がけてください。

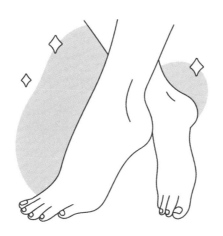

髪・頭皮

● 健やかな髪をつくる ●

　年齢を重ねると、白髪や薄毛など、髪の毛のお悩みも増えてきます。お客様からそうした悩みを打ち明けられたとき、**まずは頭皮を柔らかく保つことをおすすめしています。**

　私たちの頭蓋骨と頭皮の間には血管が走っています。血流を通して酸素や栄養分が毛根に供給され、健やかな髪の毛が育ちます。ところが頭皮がかたいとこうした流れが悪くなり、十分な栄養がいき渡らなくなってしまうのです。

　反対に、頭皮の代謝で出る老廃物を速やかに排泄するのにも、スムーズな血流が必要です。**健康な髪の毛を保つには、血液の流れを促して栄養素を補うことと、老廃物を排泄することの2つが速やかに行われるようにします。**

　髪の毛のお悩みがある方は、ぜひ次ページの方法を参考にして、まず頭皮を柔らかく保ちましょう。そうすれば、血行もよくなり、髪の毛にも十分な栄養が供給されます。

　ただ、これを行ったからといって、すぐに髪の毛の状態がよくなることはありません。残念ながら即効性はありませんが、コツコツと日頃のケアを続けることで、白髪や薄毛などを予防したり、お悩みがこれ以上深刻化したりしないようにすることができます。

● 頭皮を柔らかくする ●

頭皮をほぐすには「生え際美点」と「頭皮美点」が有効です。人差し指、中指、薬指の３指で、頭蓋骨から頭皮を剥がすようなイメージで行います。頭皮の上を滑らせるのではなく、しっかり頭皮を捉えて動かすことが大切です。

美点の位置

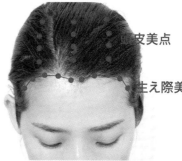

頭皮美点

生え際美点

「生え際美点」で頭皮をほぐす

人差し指、中指、薬指の３指を生え際に置き、５㎜程度の小さな円を描くように圧を加えます。耳のすぐ上の生え際から額の中央まで、痛気持ちいい程度で行います。

「頭皮美点」で頭皮をほぐす
その１

少し頭皮側に指をスライドさせて、同じように小さな円を描きます。痛気持ちよい程度の力で行ってください。

「頭皮美点」で頭皮をほぐす
その２

さらに頭皮の奥に指をスライドさせ、同じように小さな円を描きます。髪の毛の下の頭皮をしっかりとらえて行いましょう。

※頭皮は美点のほかでも、痛気持ちいい場所を行うとよいでしょう。

● 頭のニオイ解消 ●

　実は頭皮にも、常在菌がいるのをご存じですか？　1cm四方に約1億個存在しているといわれます。健康なときは、これらの常在菌も善玉菌が多めで、悪玉菌は少ない状態です。

　しかし、寝不足や暴飲暴食、ストレスなどで体調が乱れてくると悪玉菌が多くなります。**頭のニオイは悪玉菌が発している**のです。

　腸内でも善玉菌が多いと、おならのニオイはほぼしません。ところが悪玉菌が増えると、臭いニオイのおならが出ます。それと同じことが、頭皮でも起こっているというわけです。

　頭皮のニオイが気になるときは、食事や睡眠、ストレスなど、体調の乱れが関わっていることがあります。**生活習慣も見直しましょう。**

　ニオイが気になると、つい洗浄力が強いシャンプーなどを使いたくなるものですが、実はこれは逆効果です。**洗浄力の強いシャンプーは善玉菌もすべて洗浄し、悪玉菌が増えやすい環境をつくり出してしまいます。**シャンプーは、低刺激なものを使ってください。

　頭皮の悪玉菌を抑えるには、86ページでご紹介している**ヨーグルトパックの上澄みの液**を使うのも効果的です。髪を洗ったあと、この液を頭皮にまんべんなく塗り、しばらく放置してから洗い流し、コンディショナーなどをつけて仕上げます。

● 白髪予防 ●

　基本的に白髪予防は非常に難しいといわれています。そのまま何も
やらなければ、白髪の進行は進んでいきますが、それを遅らせる手段
というのはあります。

　まず、**髪の毛によいといわれる栄養分をしっかり摂る**ことです。栄
養素の基本であるビタミン、ミネラル、タンパク質をまんべんなく摂
取したうえで、ミネラルのヨード、マグネシウム、亜鉛をとくにしっ
かり摂ります。この３つは海藻に非常に多く含まれているので、日々
の食生活に積極的に海藻を取り入れましょう。

　栄養を髪にいき渡らせるには、**頭皮の血行を促す**ことも大切です。
123 ページ の頭皮を柔らかくする「生え際美点」と「頭皮美点」で
ケアしてください。

　なるべく**ストレスのない生活を送る**ことも大切です。なぜなら、サ
ロンにいらっしゃるお客様の中には、過度のストレスが一気にかかり、
一晩で本当に白髪になってしまった方がいるからです。

　逆に、一夜にして顔全体が黒ずんでしまった方もいました。この方
の場合は、旦那様が倒れて救急搬送され、寝ずの看病をした翌朝、病
院のお手洗いで顔を洗おうとしたら、自分の顔一面にしみが広がった
ように黒くくすんでいたというのです。

　何か大きなストレスがかかると、こんなふうにメラニン色素に影響
を与えることもあるのですね。人の体というのは、本当に不思議です。
この不思議さに魅了され、探求するうちに、美容家としての 50 年が
あっという間に過ぎたように感じています。

そのほか

● 太らない食事 ●

　私が50年続けている食事方法から、これを食べていれば太らないという食材をご紹介しましょう。

　食べる順番は、野菜など消化されやすいものからというのは、すでに多く方がご存じだと思います。また、タンパク質を摂るために肉や魚、乳製品も必要です。ただ、お肉は脂身の少ないものを選び、鶏肉の皮の部分は控えましょう。

　これと合わせて、**野菜、海藻、キノコ、豆類**を積極的に摂ってみてください。野菜の場合は生野菜のほかに、火を通した焼き野菜やゆで野菜も取り入れましょう。豆類は納豆でもよいですし、大豆、黒豆、うぐいす豆などもおすすめです。

　普段の食事に肉、魚、卵、乳製品などのたんぱく質と一緒に、この4つを入れるようにすると、太りにくくなります。私は、朝食では必ずこれらを食べています。夜もなるべく摂るようにしていますが、外食をして、食べられないときもあります。1日のうちのどこかで食べられればOKというくらいの気持ちでいると、楽に続けられるでしょう。

　それでも難しい場合は、3日間の食事の中でこれらの食品を摂るようにしてバランスを考えればよいと思います。そんなふうに考えておくと、気持ちを楽にしながら続けることができると思います。

おすすめ食品

キノコ

えのき、しいたけ、まいたけ、ぶなしめじ、エリンギなど。冷凍しておいて、スープやみそ汁に入れると摂りやすいです。

海藻

わかめ、めかぶ、もずく、塩こんぶ、海苔など。水で戻して増えるタイプなど、使い勝手のよいものを選べば負担になりません。

野菜

生野菜のほかに、火を通した焼き野菜やゆで野菜も取り入れましょう。

豆類

納豆、大豆、黒豆、うぐいす豆、きんとき豆、ひよこ豆など。缶詰や真空パックになっているものが便利です。

\ Point! /

丁寧に料理をつくるというよりも、冷凍食品や缶詰、真空パックなどを活用し、毎日楽に摂れるようにすることが大切です。

● 冷え性緩和ケア ●

　冷え性の緩和に一番のおすすめがスクワットです。とくに下半身と体幹の筋肉をつけておくことが大切です。117ページ のO脚のセルフケアのところでも紹介していますが、太ももの内側に意識を向けて、ゆっくりとした動きで行いましょう。

　ほかに、座っている状態でつま先を床につけ、かかとを上げ下げします。このように末端を動かすことも冷えの緩和には効果的です。

　これらと合わせて、シャワーだけですませず、1日1回は温かな湯船に浸かることを習慣づけましょう。冷えを解消するだけでなく、代謝を高めるので太りにくい体質づくりにも役立ちます。

● 婦人科系のお悩み ●

　子宮筋腫や内膜症、PMS、生理痛、更年期障害など、婦人科系にお悩みのある方は、おへその下の下腹部、そして、背中側の仙骨の2カ所を冷やさないようにすることが大切です。

　冬場はもちろん、夏場でも冷房が強いところが多いので、レギンスや毛糸のパンツなどを履いて、冷やさないようにしましょう。ちなみに私は50年間ずっと毛糸のパンツとレギンスを着用しています。

　そのせいか、すこぶる体調がよいのです。「冷えは万病のもと」というのは本当なのだなと実感しています。

　また、不調が続いてつらいときは、この2カ所にカイロを貼って温めると、婦人科系の機能がスムーズに働き、痛みや気分の落ち込みなどの症状が楽になります。

● 美しく見える姿勢改善 ●

　姿勢が悪いと、体型がゆがんで太りやすくなったり、頭痛や肩こりなどの原因にもなったりします。そして何よりも、見た目が老けて見えてしまうのが、もったいないと思うのです。

　一方、背筋が伸びた美しい姿勢は、あなたを若々しく見せてくれるだけでなく、新陳代謝を高め、痩せやすい体質づくりにも一役買ってくれます。ここでは日本人に多い猫背とストレートネックのセルフケアをご紹介します。

猫背を解消するセルフケア

右の肩を上げたら、一緒にひじも上げて、後ろに大きく回し、ストンと落とします。左の肩も同じように行います。胸を張るというよりは、肩甲骨を寄せるような感じで自然と背筋が伸び、姿勢がよくなります。

ストレートネックには「頸椎美点」

頭と首の境い目にある頸椎の脇をよくほぐします。その後、頸椎の出っ張っているところ（棘突起）を両手の中指を重ねて捉え、頭を後ろに反らせ、頸椎の位置を正常な位置に戻します。首のカーブを正常にするためには、頸椎美点のこりを取ります。

● 頭痛改善 ●

　頭痛の場合には、「頭のつけ根美点」「頸椎美点」が役立ちます。頭と首の境目にある「頭のつけ根美点」を刺激し、さらに「頸椎美点」で首の骨まわりをほぐします。その後、123 ページで紹介している「生え際美点」を刺激して頭皮を柔らかくすれば、かなりの確率で頭痛は緩和します。

「頭つけ根美点」で
頭痛緩和　その1

ちょうど中心線にある、頭と首の境い目の「頭のつけ根美点」に圧を加えて、筋肉をほぐします。

「頭つけ根美点」で
頭痛緩和　その2

中心線から少し外側に指をスライドさせて、さらに頭と首の境い目をほぐします。耳の近くにいくまで、繰り返します。

「頸椎美点」で頭痛緩和

首の骨の両脇をよくほぐします。

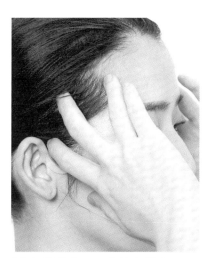

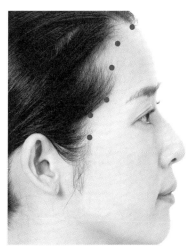

「生え際美点」で血流を促す

プラスαで「生え際美点」をほぐして頭皮の血流を促すと、より効果的に頭痛が緩和します。

● ボディラインが整う体幹トレーニング ●

　体幹を鍛えておくと、ボディラインが整うのはもちろん、姿勢がよくなったり、腰痛の緩和や予防に役立ったり尿もれの予防にも効果的です。有名なのは、腕立て伏せをするような形で行うフロントプランクですが、1日20〜30秒やるのは、少しハードルが高いと感じる方も多いようです。

　そこでここでは、誰もが簡単にでき、効果を実感できる体幹トレーニング方法をお伝えします。テレビを見ながらできるので、ぜひ試してみてください。そして、これを日々の習慣として取り入れてもらえたらと思います。

①上体を起こして横たわる

横向きになり、右腕で体重を支えます。

②骨盤を軸に両足を上げる

骨盤を軸にして、両足を揃えてあげます。そのまま20〜30秒キープします。足を下ろしたら、逆側も同じように繰り返します。

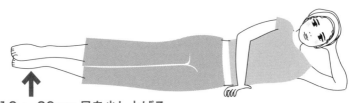

10〜20cm 足を少し上げる

①四つん這いの姿勢に

両手、両膝をつき、四つん這いの
姿勢になります。両手と膝は同じ
幅に開きます。

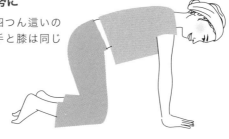

②腕と足を伸ばす

そこから右手を真っ直ぐ出し、左足を後ろに伸ばします。腕と足が
平行になるように意識します。そのまま 20 〜 30 秒キープします。
四つん這いの姿勢に戻り、逆側も同じように繰り返します。

\ NG! /

腕と足を上げすぎると
バランスをくずします。

これが正解！ 正しいコットンの使い方

　コットンで肌荒れを起こしている人がいます。「そんなこと、あるんですか？」と言われることが多いのですが、あるのです！

　コットンに化粧水など含ませて、塗布するときはいいのですが、問題は、コットンでふき取るときです。たいていの人が、指で少し圧を加えながら、肌の上をコットンでこすると思いますが、実はこれが肌荒れの元になることが多いのです。

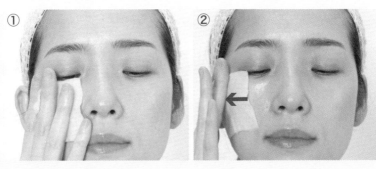

正しい使い方は、
①化粧水などを含ませたコットンを肌の上に置きます。

②コットンの端を持って、そのまま横に引いて肌の上を滑
らせていきます。コットンの上から指の圧をかけないよう
にします。

　これが肌を大切にする使い方です。コットンの繊維による刺激も、日々積み重なれば、肌を荒らすことにもなりかねません。今日からぜひ正しいやり方を試してみてくださいね。

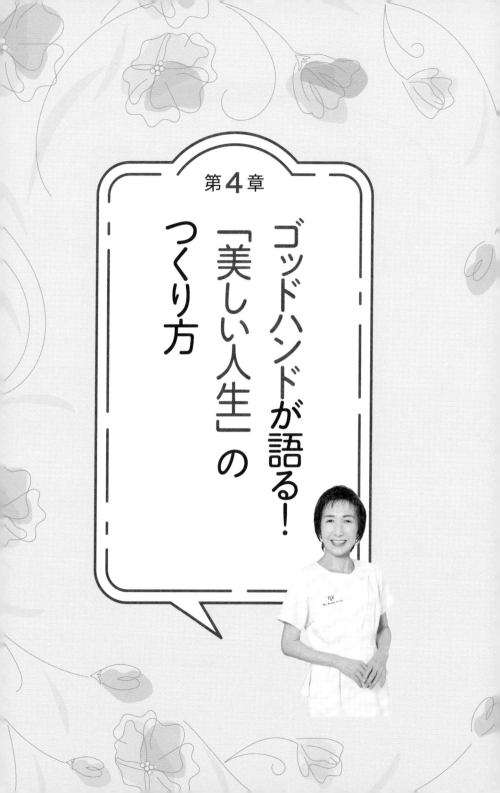

第4章

ゴッドハンドが語る！
「美しい人生」の
つくり方

美容の道へ進んだ私の選択

● 私の人生を変えた新聞の2行広告 ●

　実は小学校の頃から「数学だけは天才」と言われるような子どもでした。英単語を覚えるのは苦手でしたが、数学的なひらめきだけは飛び抜けていました。当時は将来、数学の研究者になって今までにない方程式や定義を見つけ、世の中の役に立ちたいと思っていました。

　ところが、数学以外の教科が足を引っ張り、数年間は東京の予備校に通いながら、生活のためにウェイトレスなどのアルバイトをして暮らしていたのです。するとある日、新聞の中のたった2行の広告「美容コンサルタント募集」の文字が目に飛び込んできました。短時間なのに高額なバイト料。これだ！と思って面接に行ったら、受かってしまったのです。結論からいってしまうと、そこから美容の仕事の面白さに目覚めて、数学者の夢はあきらめました。

●「一所懸命」が今につながる ●

　昔から私の信条は、「**目の前のことを精一杯やらせてもらう**」。ですから、最初は条件に釣られた美容コンサルタントの仕事も、初日に上司にこう尋ねました。「やるからにはご迷惑をおかけしたくないので、最初に教えてください。いくら稼げばご迷惑をかけませんか？」。そのときに言われた数字は、決して落とさないように働きました。

　この美容コンサルタントという仕事は、取り引き先の企業が福利厚

生で行っていたもので、大企業などへ数人で出向き、昼休みに女性社員の皆さんの美容のお悩みを伺い、改善のためのお手伝いをするというものでした。

　基本的にお昼休みに講習会をするだけだったので、他の美容コンサルタントは講習会が終われば会社に戻りました。けれど私の場合は困っている人がいると途中で放り出せず、自分の仕事が14時や15時に終わると、相談者のいる企業にまた出向いていました。

　社内の皮膚科医の先生や先輩方に教えてもらいながら、アドバイスを続けてきました。なかなか解決しない肌トラブルは大型書店で、分厚い皮膚科学の専門書を何冊も買って読んだり、解剖学や栄養学などもすべて独学で学び、お悩みの解決法を模索していました。

　その結果、多くの女性社員がお客様としてついてくださったのです。「私が会社に出向くより、好きな時間に来られる場所があったほうがいいかしら？」ということでサロンをオープンしました。すると毎日7名前後のご予約が入り、そこからずっと集客には困らず、施術に専念させていただくことができています。

● ワクワクしながら精いっぱいすると 見えてくるもの ●

　今振り返ると、美容コンサルタントの仕事はたいへんだったけれど、お客様と一緒に「なんで治らないのかしら？」「こういうことが考えられるので、こうしてみませんか？」と接客するほうが、受験勉強より、はるかに面白くなってしまったのです。

　この**ワクワクするような面白さを感じられるか**どうかというのは、ものすごく大事なこと。この感覚があれば、どんなことも苦にならな

いんですよね。

　なかにはニキビで症状が重い方もいました。けれど、改善策がうまくいったときに、一緒に「よかったね！」と喜び合える。数学では、自分一人だけでこの達成感を求めていたと思うのです。しかし美容は、目の前にいるお客様と一緒に達成感を共有できる。その喜びは、自分一人で感じる達成感の何百倍も大きいものになっていたのです。

　結局、目の前のことをいつも精いっぱいやってきたからこそ、拓けてきた世界なのではないかと思っています。そして、そこに喜びがあれば、どんな仕事であってもおのずと道は拓けてきます。

　読者の皆さんにも、目指している夢や未来像があると思います。それならば、まずは精いっぱいやってみるといいと思うのです。実際にやってみたら、不本意なことも、たいへんなこともいっぱい出てくると思います。けれど、お客様からの「ありがとう。本当によかったわ」という一言で苦労が報われたり、何かしらの喜びを感じられたりしたら、またひたむきに進んでいけばいい。ですから、精いっぱいやると見えてくるものって、たくさんあるのではないかと思っているのです。

\ **美しい人生のつくり方** /

目の前のことを
精いっぱいやることで道は拓ける

23万人を施術した
私が考える美しさ

● 23万人が見せる美しさ ●

　基本的に私が目指す美容は、その人にとってベストの顔や肌、体、ボディラインに近づけ、その人が本来持っている美しさの基本をつくっていくことです。

　もちろん、装飾の美というものも否定しません。つややかな化粧をしたい人はすればいいし、ギャルメイクをしたいというのであればどんどんやってみたらいいと思います。ただ、「やさしい素材でクレンジングはちゃんとしてね」「日焼けはそこそこにしないと、あとでたいへんなことになるから注意してね」など、気をつけてもらいたいことは、必ずお伝えするようにしています。

　自由にいろいろ試してもらうのは、大いに結構。ただし、その土台となる顔や体は、できるだけ健康かつ美しい状態で保ってもらえたらと思っているのです。

　では、私が考える「美しさ」とは何か。それは、**その人の中に希望の光が灯ったときに見えてくる**ものだと思っています。私たちのサロンには、日々、フェイスやボディにいろいろなお悩みを抱えた方々がいらっしゃいます。そのお悩みは、他人からすると実にささやかなことから、見るからにつらそうな肌トラブルのお悩みまで、本当に幅広くあります。ただ、「悩み」ということにおいては、どの方にとって

も等しく心を憂鬱にさせるものです。

　そうしたお悩みを0にするのは難しい。けれど、100だったお悩みを50くらいにまで減らすことはできます。施術が終わり、ご自身の変わった姿を見て、「ああ、私、まだきれいになれるんだ」と希望を持った瞬間に、お客様はフワッと、何ともいえない笑顔をされます。この笑顔は、どんな方でも本当に美しいのです。

● いつまでも美しくいられるとっておきの方法 ●

　では、お悩みが100％なくなれば、もっと美しくなるかというと、残念ながらそうとも限りません。なぜなら、人は1点の曇りもない100％を求め始めると、今度は「ここもだめ、あそこもだめ」と、悪いところ探しを始めてしまい、希望を持てなくなるからです。そうではなく、希望を持って「私はまだまだイケる」「今よりきれいになれる」というところを目指してもらいたいと思っています。

　ある程度年齢がいけば、顔も体も内臓も、少しずつ衰えていきます。これはもう絶対的に仕方がないこと。ですから、ある程度は受け入れてあげることも必要です。そこにあらがって、「年を取るなんて絶対にイヤ！」なんて思っていたら、苦しくなるだけでしょう。

　衰えゆく自分を受け入れるといっても、あきらめておざなりになってしまい、お手入れも何もしなくなるというのではダメですよ。「できる範囲」のことはしましょう。このくらいの気安さで自分をケアしていくと、喜びやうれしさが湧いてくるのです。

　シリアスに「このしわを消さなくては……」とやるのは、本人だってうれしくないですし、端から見ていても美しくありません。ですか

ら、深刻にならずに「わぁ、私、まだ変われる♪」と、ルンルンしながらやることを大事にしてほしい。そうやってきれいになる楽しさや喜びを知っていれば、いくつになっても美しくいられるからです。

● どこにもない、あなただけの美しさ ●

また、最近よく思うのが、美容整形のことです。技術がこれだけ発達すると、誰もがたるみやしわのないピンと張った陶器のような肌を手に入れることができます。今後は、こういう顔の方が増えてくるかもしれません。

私は美容整形を否定しているわけではありません。「どうしてもやりたいなら、やってもいいと思います。ただ、どんなリスクがあるか、よく考えたうえでやってね」といいたいのです。

でもね、誰もが同じような感じの顔立ちで、まるでお人形さんのようなのです。パッと見て「あ、きれい」と思うかもしれないけれど、魅力的ではないのです。誰かが決めた美しさを目指して、「ここを削りましょう」「ここはもっとこうしましょう」と手を加えていったら、最終的に全員同じような顔になっていくでしょう。それは魅力的でしょうか？

世間やメディアや他人が決めた美しさを美の基準としがちですが、やはり**その人自身が魅力的かどうか**ということこそが、本当の美の基準だと思っています。ですから、私は声を大にしてこういいたい。「おーい、みんな、魅力的な顔になろうよ！　あなた本来の魅力的な美しさに磨きをかけていこうよ！」と。

では、どんな人が魅力的かというと、最初の話に戻りますが、やはり夢や希望を持っている方なのです。そういう方々は、顔のつくりや目鼻立ちがそこまで整っていなくても、なぜか笑顔が輝いて見えるのです。その人の内側からは、何かしらの輝きがにじみ出ているのではないかと思っています。

　ですから、読者の皆さんが、「私、まだきれいになれるかも♪」という夢や希望を持つきっかけに、この本がなれたらいいなと思っています。そうしてみんなで楽しみながら、自分自身を大切にケアする美容を続けていってほしいと願っています。

\ 美しい人生のつくり方 /

その人だけの「魅力」は
見た目だけの美しさを超える

Chapter 4-3

「継続」は
美人への一番の近道

● 楽しく習慣づけるコツ ●

　本書で紹介している方法は、どれも毎日少しずつ続けていくことで、必ず効果が現れるものばかりです。ただ、逆をかえせば、続けなければ効果は得られないということになります。もし、ご自身のコンプレックスやお悩みを解消したいと思ったなら、まずは集中して取り組んでみてください。

　ここで大切なのは、**美しくなるための習慣を義務化しないこと**。たとえば、「今日は疲れたからあまりやりたくないな……」というときは、ざっくりやるだけで OK。「今日はすごく余裕があるから長めにやろうかな」という日は、少し長めに時間をとって丁寧にやる。どのくらいの量をやるかは、その日の気分で決めてほしいのです。

　この部分を義務化してしまい「何が何でも1日○回!」なんてやると、プレッシャーになってしまうし、やっていても全然楽しくないでしょう。あなた自身が楽しくない、うれしくないという方法ではやらないでほしい。ルンルンした気分でやってみてほしいのです。

　運動でも同じことがいえます。やりたくないのに、歯を食いしばって何回もやらなくていい。たとえば、スクワットだったら1回だけはしてみてほしいのです。それでいやだったら、その日はそれで終わりでいいのです。でも、1回やってできそうだったら、2回、3回と続

けてみましょう。そこからまた「あれ、面白い」と思ったら、10回でも20回でもやってみたらいい。そんなふうに気軽にやってみてください。

　ここでのポイントは、**めんどうでも、1回だけはちょっとやってみる**。これがものすごく大事です。なぜなら、最初から1回もやらないと、結局やらなくなるからです。ですから、1回でいいからまずはやってみてください。

　不思議なことに1回やると、さっきまでやりたくなかったはずが、2回、3回とやれるときがあるのです。続けていくうちに、10回できる日も出てくるでしょう。そういう感じで、気軽に楽しく続けてみてほしい。こういう感覚こそが、長続きの秘訣になります。

● 食も楽しく習慣づける ●

　気軽に楽しくという感覚は、食生活でも大事です。もちろん、ある程度の栄養バランスは考慮しておく必要があります。なぜなら、私たちの体の筋肉にしても皮膚にしても、分泌液やホルモンにしても、すべて食べた物からつくられているからです。

　栄養価がきちんと整っていないと、いい体や筋肉や肌はできません。そういう意味では、栄養バランスは絶対に必要です。だからといって、こと細かにカロリーを考えたり、その逆で、1つの食品だけを食べ続けたりして、極端に走ると長続きしません。

　ある程度の栄養バランスは考えつつ、自分の好きなものをいろいろな種類で適当に合わせるといいかなと思っています。そうしていると、自然と栄養バランスがとれてきます。

　たとえば、野菜、肉・魚、豆類、海藻類、乳製品というように分けてみます。そのうち、野菜だったら1日のうち3、4種類を摂れればよいでしょう。生のもの、焼いたもの、蒸したもの、煮たものというように、調理法で選ぶと取り入れやすいでしょう。

　肉・魚も無理のない程度に取り入れます。肉がなければハムを代用してもいいですし、魚がなければさつま揚げやちくわなどでもいいのです。牛乳が苦手な人は、チーズやヨーグルトで摂ることもできます。豆類も時間がなければ、パックや缶詰を摂るとよいでしょう。夏は枝豆などもおいしいですね。

　なんとなくいろいろな種類の食材が摂れるように意識しましょう。その中から自分が好きなものを食べればよいと思うのです。

　私自身、このやり方で食生活は 誰よりもバランスがとれていると思います。野菜、肉か魚、豆類、海藻類、乳製品を1日のなかでまんべんなく食べるようにしていますし、自分の好きな物ばかり食べています。

　嫌いなものはあえて食べなくていいのです。自分が楽しく、気持ちよく、美味しくいただけることが大切だからです。その結果、今も20代の頃と体重もサイズも変わらないスタイルを維持できています。

　今はスーパーに行けば、食材からお惣菜まで、いろいろなものが揃っているでしょう。それらをうまく利用しながら、自分なりにバランスがよくて好きなものを選べばいいのです。

　手作りにこだわらなくてもいいですし、もしめんどうなら、全部を入れた鍋料理にしてしまってもいい。自分が心地よくできる範囲のことをしていればいいのです。

食生活が1日崩れたとしても、あまり気にし過ぎないことも大切です。もちろん、そういう食生活が毎日続くのはよろしくないですが、1日、2日なら挽回できます。もし食べ過ぎてしまったとしても、自分のことを許してあげてください。

　たまにみんなでおいしいものを食べようというとき、その日だけは栄養バランスを考えずに、おいしいものをたくさん食べましょう。そんなふうに少し自分を甘やかしてあげつつ、翌日は食べる量をセーブするなどしてバランスをとれば問題ありません。

　美の習慣も食生活も、負担にならない範囲で、楽しく習慣化して続けていきましょう。

＼ 美しい人生のつくり方 ／

美も食も習慣化して
無理なく続ける

いつまでも
美しくあり続けたい女性たちに

●「輝き」は年齢に関係ない美しさの条件 ●

　若い頃は何もしなくても、みんな美しく輝いています。そう、20代には20代の美しさがあり、だんだん歳を重ねると、寄る年波には勝てない部分も出てきます。ただ、いくつになっても美しい方は美しく生きていらっしゃいます。この事実も忘れてはいけません。

　美しく生きるためには、どうしたらよいのでしょうか。よく「趣味を持ちましょう」「生き甲斐を持ちましょう」「面白いと思いながらできる仕事を見つけましょう」などといわれています。けれど、こういうものが見つかる人もいれば、見つからない人もいるでしょう。

　そういう方々にはよく、「**ちょっとした緊張感や喜びを感じられることを日常生活の中に取り入れる**のは、いかがでしょう」と伝えています。日々、サロンでいろいろなお客様と対面している中、「ああ、美しいな」と思える方々は皆さん、ほどよい緊張感を持っています。そして、そういう自分に喜びや楽しみを見出しているのです。

　こんなふうに年を重ねている方々は、いくつになっても美しい。そうなるともう、先にお伝えしたように、目鼻立ちの美しさだけの話ではなくなります。

　さらにいうならば、ご自分に自信を、なんでもよいので夢や希望を

持っていてほしいと思っています。そうすると、いくつになっても美しく見られます。

　加齢＝醜いということではありません。そこをぜひご理解ください。そうすれば、過度なアンチエイジングやお人形さんみたいな美しさだけにこだわらなくなるはずです。

　美しさの中には、もちろん、美肌もあればしみやしわ、たるみがないということも含まれます。けれども、それは美しさのうちのごく一部です。夢や希望に満ちた、体の内側からあふれてくる力みたいなものが、美しさという点においてはとても大きな要素を占めるのです。

● 自分の中にある「力」に気づいていますか？ ●

　そもそも、あなた自身が持って生まれた力というのは、ものすごいパワーです。すでに100点満点中の99点といえるくらいです。あとの1点の中で、「しみが……」「たるみが……」と言っているわけです。美しくあり続けたいという思いは大切ですが、**ご自分が持っている力も、ぜひ信じていただきたい**と思います。

　この地球上で生命が誕生したのは約35億年前。最初の海の中で生活していた生物が陸に上がり、やがて人類が誕生しました。

　私たち一人ひとりが生命として誕生すること自体が、まさに奇跡なのです。私たちは誰もがその奇跡をたどって、今ここにいるのです。

　もう少し、視点を広げてみましょうか。この宇宙の中、地球という星で人間として生きているということも、ものすごい確率で奇跡だといえるのです。この宇宙にあなたという人間は、あなた一人しかいません。そう思うだけでも、なんだかワクワクしてきませんか。

　まずは今ある自分を丸ごと全部受け入れて、最高に輝かせていく。この姿こそが、真の美なのではないかと、私は本気で思っています。

　もちろん、「しみ、しわ、たるみなどはどうでもいい」ということではありません。これらのケアもしつつ、ご自身の内面にも磨きをかけていくことが、絶対に必要なのです。そういう人としての在り方が、その人だけの美しさを醸し出します。

　もし、それでも夢や希望、自信を持てないというのなら、本書で紹介しているお悩み解決の方法をどれか1つ、まずは試してみてください。顔のたるみ解消でも、お腹をへこませる方法でも、なんでもいいのです。どれか1つやってみたら、数日後にはいい変化が現れます。すると、自分もまんざらではないなと思えるでしょう。

　ほんの少しの変化が、希望につながるのです。みんな、変われる力を持っているのだから、ぜひ変わっていってほしいと思います。そうして、皆さんが夢や希望を持って、その人らしい美しさを磨いていってくれたら、これほどうれしいことはありません。

＼ **美しい人生のつくり方** ／

自信、希望、生きる力は
美しさへとつながる

「美点」開発秘話

● 首のケアで顔の「むくみ」が取れた！ ●

　美容コンサルタントを経て、エステティックサロンをオープンしたところ、お肌の相談にのっていた OL さん達がたくさん来てくださいました。けれども数年経つうちに、彼女たちは結婚したり、旦那様の転勤について行かれたり、出産や子育てで忙しくなったりして、来られなくなる方が増えてきました。すると今度は、近所の方をはじめ、何かのご縁でサロンを知って来てくださる方々が増えていきました。

　それまでは、20 ～ 30 代の OL さんがほとんどでしたが、だんだんと客層が広がり、10 代から 70 代の方々がいらっしゃるようになりました。お悩みや質問もバラエティ豊かになっています。

　その中で「美点（私が開発した現代美容のツボ）」を始めた最初のきっかけは、1980 年代後半の出来事です。ニキビがひどいお客様が来店されました。最初はフランス式のエステマッサージやお肌の脂分を取るような施術をしていました。ところが、まったく改善しなかったのです。

「なぜだろう？」と思いながら施術を続けていたのですが、ある日たまたま彼女の首のケアを入念に行いました。それを 2、3 回行ったところ、ニキビが驚くほど引いたのです。それと同時に、フェイスラインのむくみまで取れて、別人のように美しく変わりました。本人も私もびっくり！な出来事でした。

　なぜ、そうなったかを思い返すと、首前面の胸鎖乳突筋の周辺を丁寧に押しながらほぐしたことに気づきました。それまでも首の後ろのマッサージというのは普通にやっていましたが、前面は軽く流す程度だったのです。さっそくほかのお客様にもこの手技を使ってみたら、皆さんの顔のむくみが取れて、フェイスラインが本当にきれいに出るようになりました。

● 現代人のための「美と健康のツボ」 ●

　ちょうどその頃、パソコンが普及し始めて、仕事で使う方が増えてきた時期でした。お客様のこれらの変化を目の当たりにし、このように思いました。
「これまでは肉体労働など体を動かして疲れる方が多かったけれど、これからはパソコン画面を見ながらじっと動かず、緊張状態でいることが増えるかもしれない。

　今までのマッサージだけでは限界がくるだろう。現代人の生活習慣や労働のやり方に即した、新しいタイプの手技がきっと必要になる」

　そこから、現代人の生活環境によって変化している「ツボ」の探求が始まりました。そして、これまでさまざまな「美点」を開発してきました。

　これは毎日山ほどのお客様と向き合い、施術をしてきたからこそできたものだと思っています。と同時に、私自身が何かを開発して人の役に立てることが大好きだからということも合わさって、多くの「美点」が生まれました。

この先もどんどん生活環境が変わり、人間は体を使わなくなり、もっと動かなくなるでしょう。これから美点はより進化し、さらに必要とされるようになる……。

そう思うと、本当にワクワクしてきます。これは半分使命感であり、責任でもあると思っています。この**ワクワク感があるからこそ、50年間現役エステティシャンとして施術にあたってこられた**のだと思っています。

そして今後も、「美点」を進化したり、開発したりしてまいります。そのためにも、まだまだ現役エステティシャンとして、サロンに立っていきますよ。これからもお客様と向き合いながら、その人本来の美しさが輝くお手伝いをしてまいりますので、どうぞよろしくお願いいたします。

＼ **美しい人生のつくり方** ／

「人の役に立てる」という意識は ワクワクを倍増させる

目も頭もスッキリ! 顔美点のまとめ

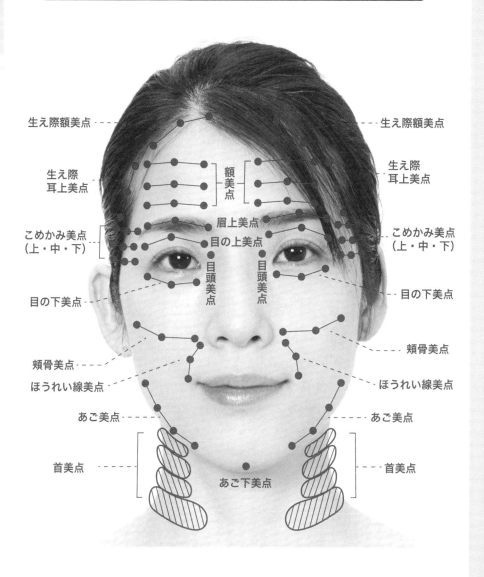

生え際額美点

生え際
耳上美点

こめかみ美点
（上・中・下）

目の下美点

頬骨美点

ほうれい線美点

あご美点

首美点

額美点

眉上美点

目の上美点

目頭美点

目頭美点

生え際額美点

生え際
耳上美点

こめかみ美点
（上・中・下）

目の下美点

頬骨美点

ほうれい線美点

あご美点

首美点

あご下美点

おわりに

　ここまでお読みくださり、ありがとうございました。エステティシャンとしての知識と経験を、50年分ギュギュっと詰め込んだ内容、いかがでしたでしょうか。

　この50年間は、お客様のためにずっと走り続けてきたように思います。お盆とお正月以外、ほとんど休みなし。毎日午前中にスタジオに来て、途切れることなくいらっしゃるお客様の話に耳を傾け、お顔や体と対話しながら最善の施術を行ってまいりました。

　最後のお客様を送り出してから後片づけをし、スタジオを出る夜11時までフル稼働です（もちろんサロンのスタッフたちには、シフトを組んで、お休みをとってもらっています）。

　それでもつらいと思ったことはありません。毎日、どんな問題がやってくるのか、そしてその解決のために何ができるのかを考え続け、動き続けることが大好きだからです。

　むしろ、「何もしなくていいです。先生は座っていてください」なんて言われたら、本当に困ります。きっと、泳ぎ続けていないと死んでしまうような、生粋のマグロ体質なのでしょう。

　それと同時に、私を突き動かし続けたのは、「きれいになった！」「細くなった！」と喜んでくださる、お客様の美しい笑顔です。そんな笑顔を見たくて、日本で初めてタラソテラピー（海洋療法）をサロンに導入したり、現代のツボともいえる新しい手技「美点」を開発したり、デトックスエキス（乳酸菌生成エキス）をつくってみたり……。そして今でも、新しい技術を生み出し続けています。

　また、スクールを通じて、「美点」を継承してくださるサロンの先

生方が増えています。生徒さんが海外で開業されて、その施術を受けた外国の方が美点の指導を求めて日本まで来てくださることも増えました。

　つい先日も、カザフスタンからご両親と娘さんの親子3人で、指導を受けに来日してくださいました。言葉がままならなくても、美容の技術は見て、触れて、感じることで体得していただくことができます。和気あいあいとした中で、美点の手技をお伝えできる、私にとってもとてもうれしいひとときとなりました。

　インターネットが発達し、世界中のどこにいてもあらゆる情報を得ることができるようになりました。けれど、手技は直接会ってお伝えしないと、大事なところが抜け落ちてしまいます。そうしたことを理解してくださり、わざわざ遠い国から学びに来てくださる方がいることは本当にうれしく、ありがたいことだと思っています。

　その施術を受けた人が、また技術を学びに来てくれる。こうして「美点」の輪は、これから世界中に広がっていくでしょう。多くの人が癒され、不調を解消し、また元気に日々を生きてくださる。本書で美点を知ったあなたも、その一人でいてくれたら、こんなにうれしいことはありません。

　最後に、本書の制作に関わってくださった撮影、編集、ライティング、デザイン、イラストのスタッフの皆さん、いつも私のサポートをしてくれているスタジオのスタッフに感謝を伝えたいと思います。

　そして、本書を読んで美しくなる努力をされているあなたに。心から応援しています！　ありがとうございました。

令和6年4月吉日

レイ・ビューティースタジオ代表　田中玲子

田中玲子（たなかれいこ）

株式会社レイ・ビューティ・ヘルス研究所代表取締役。1974 年に美容コンサルタントとして活動開始。1979 年には東京・下北沢にエステティックサロンを設立。日本で初めてサロンケアにタラソテラピーを導入して話題になる。技術開発に積極的に取り組み、1982 年には従来のエステティックマッサージと東洋医学を融合したオリジナルの「美点マッサージ」を考案。指導した技術者は全世界 5000 人を超え、エステティックグランプリの最終審査員なども毎回務め、常に業界をリードしている。確かな技術と明るいキャラクターで TV や雑誌など、メディアにも登場。

常にたくさんの人に「本来の美と健康」を届けたいという想いから、できるだけ価格を抑え、最大に効果を上げることに努めている。2024 年エステティシャン歴 50 年となり、施術人数は 23 万人を突破。生涯現役を掲げ、究極の技術とサービスを追求する姿勢は変わらない。著書に『ツボよりもラクに探せる！美点ダイエット』（主婦の友社）、『現代美容ツボで真の美しさを造る　美点・マッサージ』『田中玲子の美点マッサージで美眼・美顔』（いずれも小社刊）

レイ・ビューティースタジオ HP
https://rey.co.jp/

Youtube
https://www.youtube.com/
@reybeautystudio5245

田中玲子公式インスタグラム
@reiko.tanaka_reybeauty

レイ・ビューティーインスタグラム
@reybeautystudio_official

美点スクールインスタグラム
@rey_biten_school

セルフで自分史上最高の美女に

私もできる！神ワザ美ケア

2024年6月10日　初版第1刷発行

著　者　田中 玲子
発行者　東口 敏郎
発行所　株式会社BABジャパン
　　　　〒151-0073 東京都渋谷区笹塚1-30-11 4F・5F
　　　　TEL: 03-3469-0135　FAX: 03-3469-0162
　　　　URL: http://www.bab.co.jp/　E-mail: shop@bab.co.jp
　　　　郵便振替00140-7-116767
印刷・製本　中央精版印刷株式会社

協力　　　レイ・ビューティースタジオ

撮影　　　熊原 美恵
モデル　　北原 梓
執筆協力　「cosmic flow」　岡田 光津子
イラスト　石井 香里
デザイン　大口 裕子

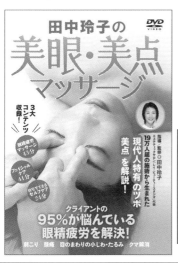

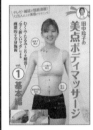